CW01666096

Smart Reading
Ценные идеи из лучших книг

50
ПРИВЫЧЕК
УСПЕШНЫХ ЛЮДЕЙ
В ИНФОГРАФИКЕ

SMART READING. МОСКВА, 2024

УДК 304.3
ББК 60
П99

50 привычек успешных людей в инфографике / сост. ООО «Смарт Ридинг». — М. : Смарт Ридинг, 2024. — 112 с.

ISBN 978-5-6045240-0-8

Правовую поддержку обеспечивает юридическая фирма AllMediaLaw www.aml-law.ru.

ПОСЕЕШЬ ПРИВЫЧКУ — ПОЖНЕШЬ СУДЬБУ

Мы проводим примерно половину нашей жизни в режиме привычки. Большая часть ежедневных действий и решений — следствие укоренившейся привычки, которую часто мы даже не выбирали и не создавали осознанно, скопировав модель семьи и общества.

Привычки имеют положительное и отрицательное проявление. С одной стороны, они экономят нам время и энергию, которые мы можем использовать на новые задачи. С другой, являются якорем, приковывают нас к одинаковому шаблону поведения.

Привычки часто выступают невидимой причиной нашей неспособности что-то изменить в своей жизни. Мы все знаем о пользе движения и здоровом питании, но только нестандартная ситуация способна разомкнуть цепь повторяющейся привычки проверять ленту социальной сети за обедом и пользоваться лифтом.

Хотите что-то изменить — начните с привычки. С осознания ее наличия, понимания механизма ее работы, триггеров и последствий. Любую привычку можно «отключить». Как и «записать» новую в течение 21–40 дней.

Мы подобрали 50 лучших книг о полезных привычках, прочитали их, выделили главное и нарисовали по ним инфографику. Вы найдете ответы на вопросы, как управлять привычками, как сформировать полезные привычки питания, движения, мышления и отношений. Инфографика поддержит ваше любопытство и мотивацию, а 10 ключевых мыслей из книги помогут не пропустить ничего важного.

Станьте исследователем своих привычек и их архитектором. В конце концов, кто в доме хозяин?

Мария Горина,
главный редактор
Smart Reading

НЕМНОГО ТЕОРИИ: ЧТО ТАКОЕ ПРИВЫЧКА, СИЛА ВОЛИ И МОТИВАЦИЯ

ПРИВЫЧКА МЫСЛИТЬ ПОЗИТИВНО

ПРИВЫЧКА ДВИГАТЬСЯ

ПРИВЫЧКА ЖИТЬ ОСОЗНАННО

ПРИВЫЧКА БЫТЬ СЧАСТЛИВЫМ

Путь выдающихся людей. Убеждения, принципы, привычки
Брендон Берчард

High Performance Habits: How Extraordinary People Become That Way
Brendon Burchard

1. Повышайте свою результативность через HP6 (High Performance 6). Держите под рукой перечень привычек и вспоминайте о нем перед каждой встречей, телефонным звонком, новым проектом или постановкой очередной цели. Если применять хотя бы одну из привычек, положительный эффект проявится через несколько недель.

2. Стремитесь к пониманию того, кем вы хотите быть, как общаться с людьми, какие навыки вам нужно развивать, какую пользу вы можете приносить другим (практика «четверка будущего»), что вы хотите чувствовать во время какого-либо дела и что придаст вашей жизни смысл.

3. Генерируйте энергию, сбрасывая напряжение и ставя цель, радуясь жизни и укрепляя здоровье.

4. Обдумывайте необходимость высокой результативности. Подумайте, ради кого вы стараетесь, заявите о причинах своих действий и проводите больше времени с позитивными и успешными людьми.

5. Повышайте продуктивность в основной сфере интересов, уделяя минимум 60% рабочей недели значимым результатам; выясните пять основных шагов к цели и наметьте сроки их реализации; совершенствуйте навыки.

6. Усиливайте влияние на окружающих, научив их правильному отношению к себе, другим людям и миру, стимулируя развивать характер, отношения и вносить вклад в будущее компании, а также став примером для подражания.

7. Проявляйте смелость в выражении своих идей и совершении поступков ради других людей, радуясь испытаниям и сообщая, к чему стремитесь.

8. Не попадитесь в ловушки высокомерия, неудовлетворенности и пренебрежения — придерживайтесь рекомендаций Берчарда, чтобы не потерпеть фиаско после многих лет успеха.

9. Развивайте уверенность, повышая компетентность, конгруэнтность (будьте честны с собой и другими) и искренне интересуясь людьми.

10. Заведите специальный дневник для выработки привычек высокой результативности. Каждый воскресный вечер в течение трех месяцев подводите итоги прошедшей недели: записывайте цели по каждой из десяти категорий (здоровье, семья, друзья, интимные отношения, миссия/работа, финансы, приключения, хобби, духовность и эмоции), размышляйте, чему научились, с чем справились и за что можете себя похвалить.

Путь выдающихся людей

Брендон Берчард

Чтобы добиться стабильного успеха в жизни и бизнесе, нужно развивать в себе шесть важнейших личностных и социальных привычек.

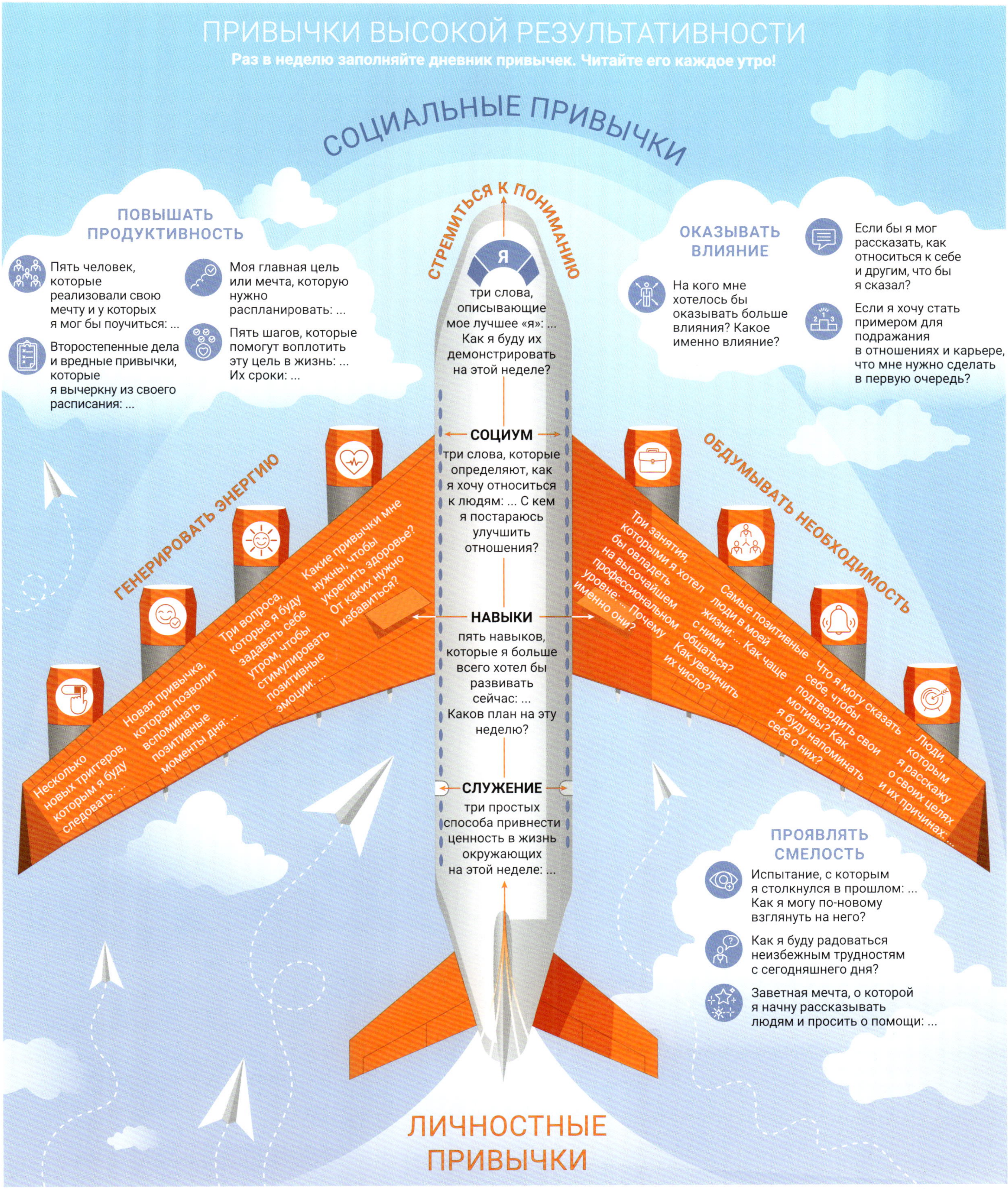

Код экстраординарности. 10 нестандартных способов добиться впечатляющих успехов
Вишен Лакьяни

The Code of the Extraordinary Mind: 10 Unconventional Laws to Redefine Your Life and Succeed On Your Own Terms
Vishen Lakhiani

1. Если сравнить человека с компьютером, то можно подобрать код, позволяющий взломать программу, по которой живет человек, и записать новую, ведущую к успеху.

2. Общество, в котором мы рождаемся и проводим время, оказывает огромное влияние на наши убеждения, ценности и правила поведения. Довольно часто эти правила оказываются устаревшими и ограничивающими.

3. Ценности, правила и убеждения надо периодически пересматривать, чтобы проверить, насколько они актуальны и помогают нам в жизни.

4. Для отслеживания прогресса на пути к успеху надо выбрать точку отсчета и не опускаться ниже нее.

5. Счастье не должно быть привязано к достижению цели. Не нужно ждать, чтобы быть счастливым. Необходимо ощущать счастье в процессе достижения своих целей. Счастье первично, успех вторичен. Для повышения уровня счастья рекомендуется выполнять специальные упражнения и практики благодарности, прощения, щедрости.

6. Для того чтобы достичь успеха, надо четко представлять себе желаемую жизнь. Картина будущей жизни должна мотивировать и будоражить.

7. Важно ставить перед собой конечные цели-результаты, а не цели-средства. Цели-средства — это промежуточные цели на пути к результатам. Цели-результаты — чувства, которые хочется испытывать в результате.

8. Чтобы добиться жизни, которая вас влечет, необходимо быть невозмутимым, не обращать внимания на критику и похвалу окружающих. Невозмутимость можно выработать с помощью упражнений благодарности, любви к себе и присутствия в настоящем.

9. Чтобы жить успешно, требуется понять свое предназначение, то, какой вклад в улучшение жизни на земле вы должны внести. Для поиска своего предназначения можно воспользоваться методикой трех вопросов Мартина Рютте.

10. Не стоит беспокоиться, если нет четкого представления, как достичь задуманного успеха. Важно начать делать небольшие шаги. И делать их с упорством и настойчивостью.

Код экстраординарности

Вишен Лакьяни

Человеком, как и компьютером, управляет предустановленный и сложившийся неосознанно софт, который мы вольны поменять или переустановить.

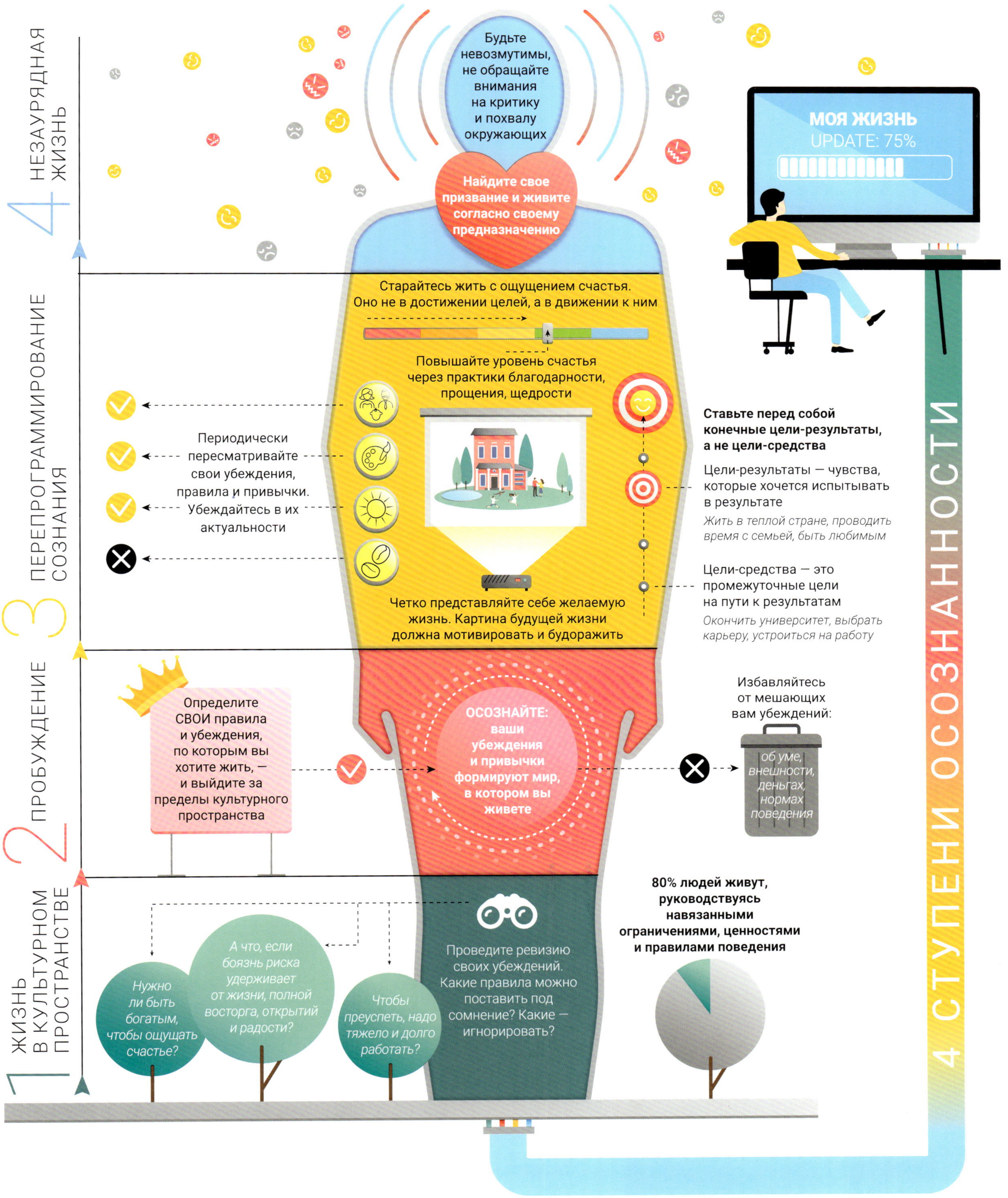

Сила привычки. Почему мы живем и работаем именно так, а не иначе
Чарльз Дахигг

The Power of Habit: Why We Do What We Do in Life and Business
Charles Duhigg

1. Привычки есть и у людей, и у организаций, и у общества в целом. Они не даются с рождения, а являются результатом выбора, сделанного в какой-то момент, и многократных повторений, доведенных до автоматизма. Это вы «запустили» механизм рождения своей привычки, значит, вы можете повлиять на любую из них.

2. Привычку нельзя уничтожить, но ее можно заменить. Схема привычки: знак — привычное действие — награда. Чтобы изменить привычку, надо заместить одно привычное действие другим, оставив прежними знаки и награды.

3. Движущая сила привычки — страстное желание награды. Страстное желание руководит вредными привычками, оно же создает полезные привычки. Правильно выбирайте желаемое, пусть вас влечет к самому лучшему.

4. Два важных условия закрепления измененной привычки: собственная вера в возможность изменения и поддержка единомышленников.

5. Помогайте своим полезным привычкам. Создавайте в жизни структуры, дающие возможность развиваться нужным привычкам.

6. Сила воли — тоже привычка. Делая усилия над собой, меняешь образ мыслей. Укрепляйте эту привычку, тогда сила воли и самоконтроль будут без особых усилий включаться в нужной ситуации. Сила воли крепнет, когда у вас есть возможность выбора и вы контролируете вашу жизнь.

7. Если вы знаете о своих привычках, значит, несете ответственность за них. Малые победы в сфере изменения привычек важны не меньше больших. На них опираются крупные свершения.

8. Изменения ключевых привычек приводят к цепной реакции изменений в других привычках. Это верно как для людей, так и для организаций.

9. Успешные компании манипулируют привычками людей, но стараются делать это максимально незаметно. Люди часто боятся нового, а значит, чтобы предложить им что-то непривычное, надо замаскировать его под нечто знакомое.

10. Социальные движения начинаются с дружеских связей, продолжаются удаленными связями и закрепляются новыми привычками, которые формируют лидеры движений.

Сила привычки

Чарльз Дахигг

Сначала мы сами создаем свои привычки, а затем привычки создают нашу жизнь. Привычку нельзя уничтожить, но ее можно заменить.

Мозг получает сигнал

ЗНАК

Чтобы запустить механизм привычки, мозгу нужен сигнал — «**знак**», который **включает привычные действия** — физические, эмоциональные или умственные

Если вы знаете о своих привычках, значит, несете ответственность за них

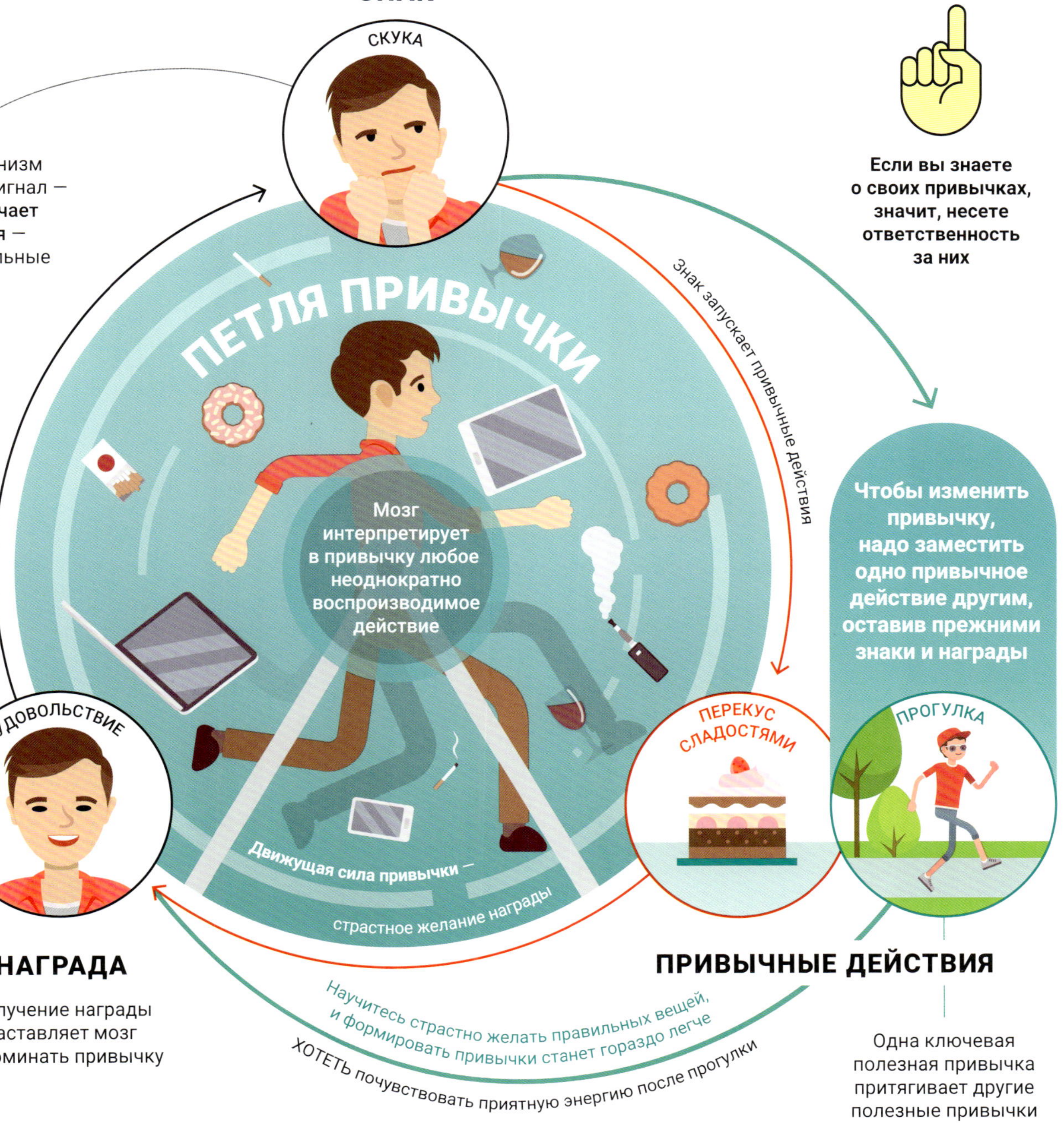

Какую награду вы ищете?

Есть ли к ней другой путь?

Постоянные перекусы – утоление голода или избавление от скуки?

НАГРАДА

Получение награды заставляет мозг запоминать привычку

ПРИВЫЧНЫЕ ДЕЙСТВИЯ

Одна ключевая полезная привычка притягивает другие полезные привычки

Люди, начавшие заниматься спортом, со временем совершенствуют питание, сон, стиль общения

Сила воли – это привычка

Тренируйте силу воли, как мышцы в спортзале, и она будет легко включаться в нужной ситуации

Условия закрепления измененной привычки

Собственная вера в возможность изменения. Верьте, что привычки можно менять

Поддержка единомышленников. Ищите группы поддержки

Победи прокрастинацию. Как перестать откладывать дела на завтра
Петр Людвиг

Konec prokrastinace: Jak prestat odkladat a zacit zit naplno
Petr Ludwig

1. Причины прокрастинации делятся на две группы: психологические и физиологические. Первые — это наши отговорки вроде «я слишком ленив». Вторые обусловлены устройством нашего мозга. И те и другие можно скорректировать.

2. Перестать прокрастинировать помогают четыре фактора: мотивация, самодисциплина, результаты и объективность.

3. Мотивация страхом, как и мотивация вдохновением или целью работает, но недолго. Истинная мотивация — «мотивация пути», когда мы делаем что-то по зову сердца, понимая, что это необходимо для реализации нашего призвания.

4. Есть четыре типа мотивирующей деятельности: развивающая (спорт, здоровый образ жизни, образование); создающая наследие (воспитание детей, написание книги, строительство дома — создание чего-то, что останется после нас); выстраивающая отношения (дела, связанные с семьей, дружбой, коллективом); альтруистическая (добровольная помощь другим людям и обществу в целом).

5. В основе самодисциплины лежит саморегуляция. Люди с хорошей саморегуляцией могут отдавать себе команды и выполнять их. Такому поведению способствует пополнение когнитивного ресурса и увеличение его мощности, а также выработка правильных привычек. Хорошие навыки можно успешно формировать, совершая маленькие шаги, но каждый день.

6. Героизм можно тренировать. Вот что отличает героев от остальных: герой способен покинуть толпу и стать первопроходцем; герой не беспокоится, что о нем подумают или скажут другие; герой начинает с самого неприятного для себя в данный момент; герой следует правилу самураев, начинает действовать до пятого удара сердца; герой превратил выход из зоны комфорта в свою страсть.

7. Чтобы в трудную минуту не опустились руки, вдохновляйтесь своими результатами. Думайте больше о будущем, причем в позитивном ключе, чем об ошибках в прошлом.

8. Совладать с негативными эмоциями поможет техника «внутренней игры». Это сознательная замена негативных импульсов на позитивные. Помните: события, которые происходят вокруг, — нейтральные. И только мы присваиваем им знак «плюс» или «минус».

9. В жизни важно оценивать себя объективно. Чем более объективна оценка, тем лучше понимание, что происходит с человеком и куда он идет. Образование, основанное на качественной информации, — лучший способ повысить объективность.

10. Само по себе ничего не произойдет. Только действие меняет нашу жизнь. Решили твердо бороться с прокрастинацией? Это ваше решение и ваш осознанный выбор. Возьмите ответственность за него на себя. У вас все получится. Просто вносите небольшие изменения в жизнь, но каждый день!

Победи прокрастинацию

Петр Людвиг

Хотите перестать откладывать дела на потом? Решайте проблему прокрастинации комплексно.

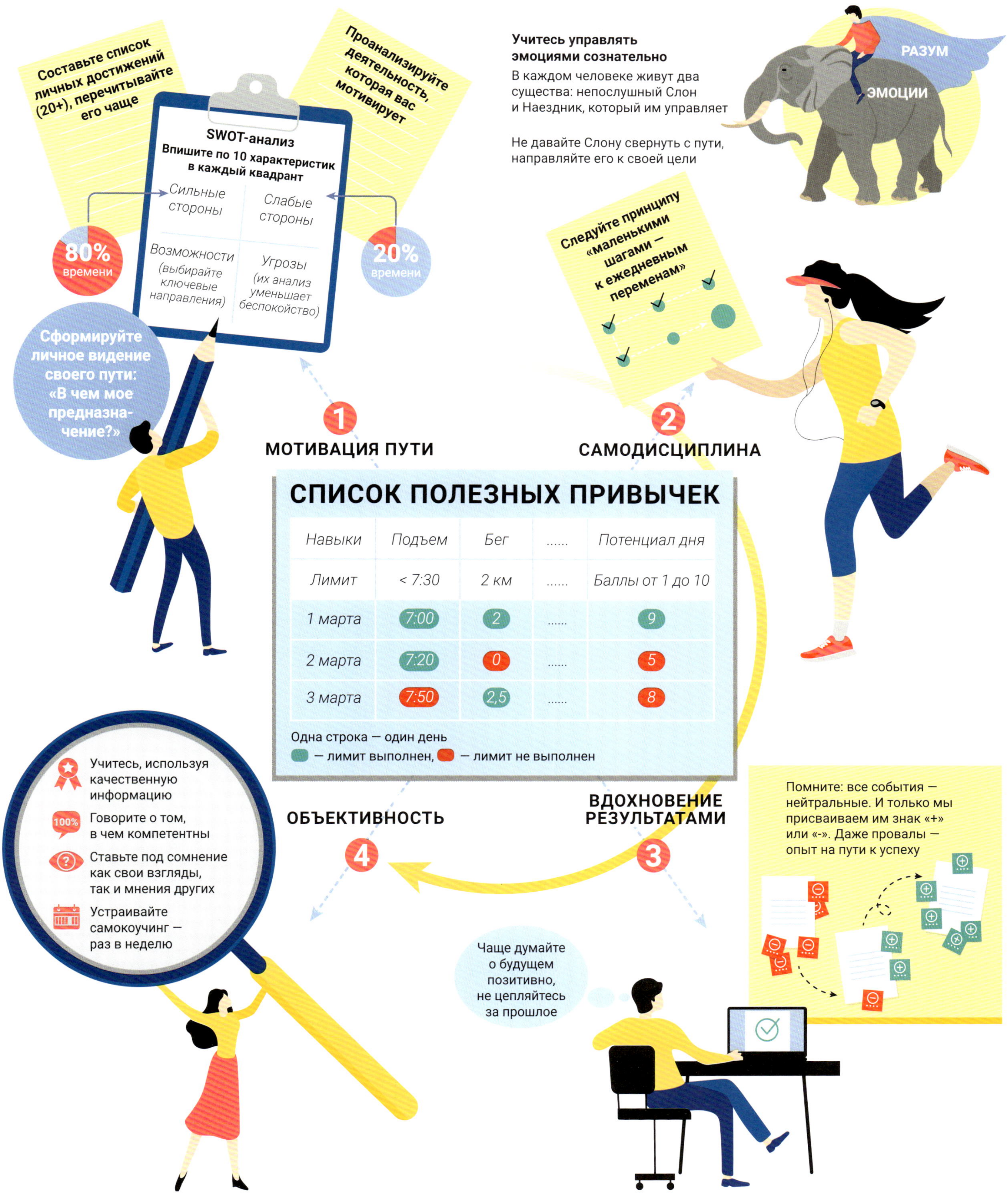

СПИСОК ПОЛЕЗНЫХ ПРИВЫЧЕК

Навыки	Подъем	Бег	......	Потенциал дня
Лимит	< 7:30	2 км	......	Баллы от 1 до 10
1 марта	7:00	2	......	9
2 марта	7:20	0	......	5
3 марта	7:50	2,5	......	8

Одна строка — один день
(зелёный) — лимит выполнен, (красный) — лимит не выполнен

Триггеры. Формируй привычки — закаляй характер
Маршалл Голдсмит, Марк Рейтер

Triggers: Creating Behavior That Lasts — Becoming the Person You Want to Be
Marshall Goldsmith, Mark Reiter

1. Переменам в характере и отказу от вредных привычек мешает не только сила инерции, но и постоянное воздействие внешней среды. Она полна триггеров — раздражителей, провоцирующих нежелательное поведение, причем триггером может быть и запах, и звук, и образ, и человек.

2. Составляя планы изменений, мы часто переоцениваем свою силу воли и недооцениваем вероятность непредвиденных событий — но они обязательно случаются и сбивают нас с пути.

3. Самообман и наши внутренние убеждения — главные враги на пути изменений.

4. В каждом из нас происходит постоянная борьба между тем, к чему нам предписывает стремиться разум, и тем, чего нам хочется в данный момент. Уступая сиюминутным желаниям, мы вновь и вновь делаем шаги в сторону от большой цели.

5. Триггеры, с которыми мы сталкиваемся, можно разделить на два больших класса: те, которые ведут нас к цели, и те, которые отвлекают от нее. Даже полезные триггеры могут быть неприятными: так, боль и сожаление необходимы, чтобы делать выводы из ошибок.

6. Составляя план изменений, нужно проанализировать все триггеры и разделить их на категории. Это позволит понять, в каких ситуациях нам требуется наибольший самоконтроль, какие элементы нужно сохранить, изменить, а от каких — избавиться.

7. Выработке новых привычек и полезных шаблонов поведения помогает система ежедневных вопросов, которые нужно задавать по итогам каждого дня. Вы можете делать это сами или найти себе наставника, который будет помогать вам идти по пути изменений.

8. Вопросы должны быть активными (типа «Сделал ли я все возможное, чтобы ... ?»): они акцентируют внимание на ваших усилиях и ответственности. Отказываясь от фиксации на результате, вы избавляетесь от нетерпеливости и укрепляете самоуважение.

9. В краткосрочных сложных ситуациях активные вопросы можно задавать себе каждый час. Также полезно притвориться, будто вы проходите тест — и ведете себя так, чтобы по окончании тягостной встречи или нужного совещания получить высший балл за усилия.

10. Метод активных вопросов помогает исправить даже отношения с окружающими, на которых вы не можете непосредственно влиять. Меняя себя, вы превращаетесь в позитивный триггер, и вся ситуация со временем становится более благоприятной.

Триггеры

Маршалл Голдсмит, Марк Рейтер

Окружающий мир полон ловушек — триггеров, провоцирующих нежелательное поведение. В наших силах менять свое поведение и привычки, чтобы справляться с провокациями внешней среды.

КАК ИЗБЕЖАТЬ ТРИГГЕРОВ-ЛОВУШЕК

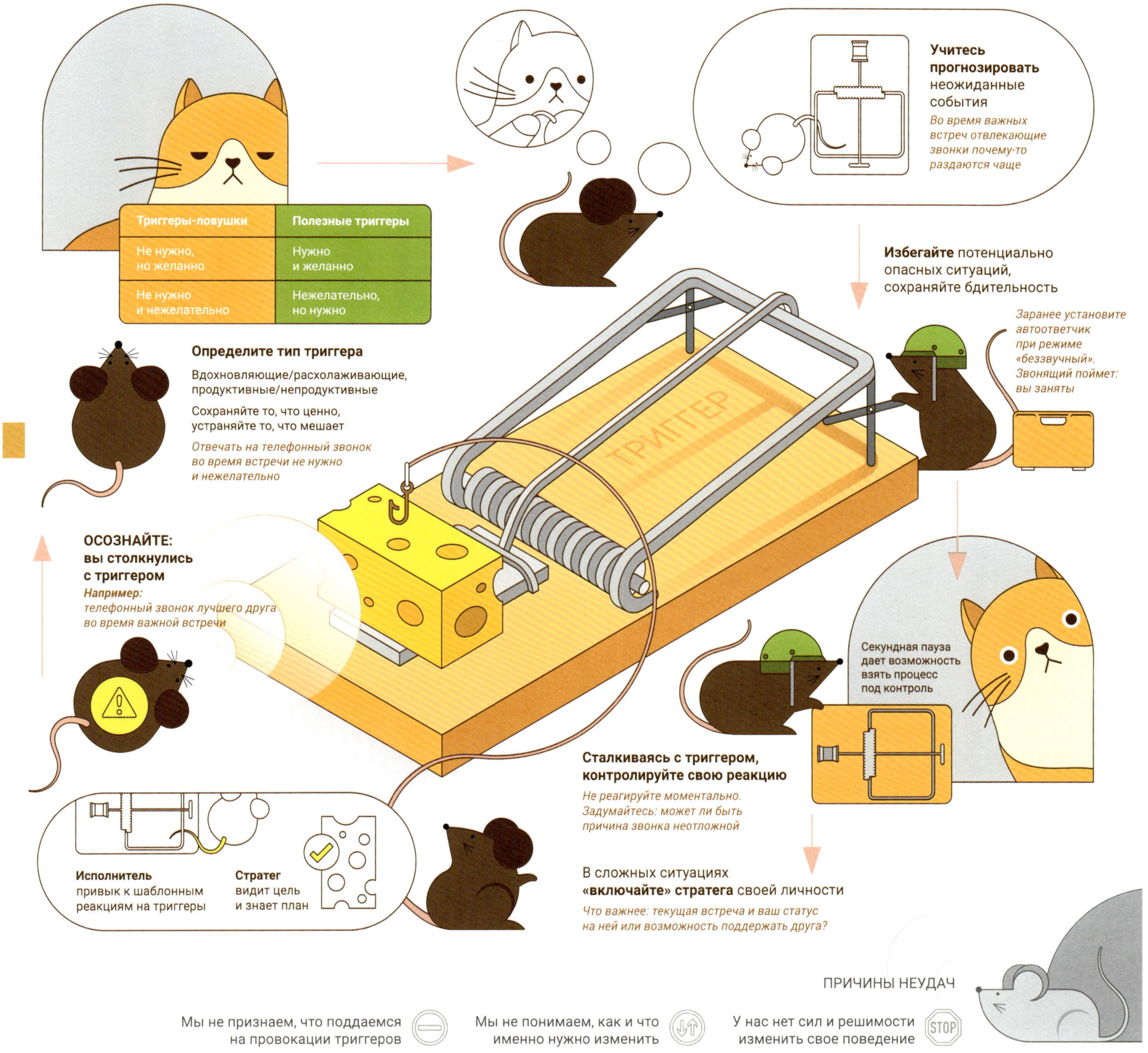

Мечтать не вредно. Как получить то, чего действительно хочешь
Барбара Шер, Энни Готтлиб

Wishcraft
Barbara Sher, Annie Gottlieb

1. То, чего вы хотите, — это то, что вам нужно.

2. Вспомните себя до пяти лет. Что в этом возрасте вас влекло? Это ключ к вашей мечте.

3. Запеленговать мечту нетрудно: когда вы заняты любимым делом, вас переполняет энергия. Подсказки рассыпаны вокруг, надо только обратить внимание на свои ощущения.

4. Мечтайте без частицы «бы» и без всяких ограничений. Оживите мечту в воображении, потому что все начинается в воображении.

5. Возьмите лист бумаги и как можно конкретнее перечислите причины, по которым не можете достичь мечты. Теперь вместо уныния перед вами несколько понятных препятствий, вместо страха — план действий.

6. Ваша мечта неповторима, но вы не обязаны идти к ней в одиночку. Люди могут многое предложить, и чем больше вы их озадачите, тем больше энтузиазма получите в ответ.

7. Ваше планирование должно быть направлено не от завтрашнего дня к будущему, а от будущего к завтрашнему дню, от устрашающе большой цели к легковыполнимым действиям.

8. Нет такой цели, которую нельзя было бы разделить на простые действия вроде посещения библиотеки или звонка коллеге, даже если цель — полет на Марс.

9. Проявлять свои чувства — абсолютно нормально и к тому же полезно для здоровья. Не стесняйтесь устраивать истерику, но только до или после мероприятия, вызвавшего волнение.

10. Победа — процесс, а не результат. Вы побеждаете уже в тот момент, когда встаете на свой путь.

Мечтать не вредно

Барбара Шер, Энни Готтлиб

Разберитесь в своих желаниях, оживите заветную мечту, выстройте четкий план ее достижения — и получите то, чего вы так давно хотите!

Сам себе плацебо. Как использовать силу подсознания для здоровья и процветания
Джо Диспенза

You Are the Placebo: Making Your Mind Matter
Joe Dispenza

1. Человек от природы наделен внутренними механизмами, способными творить чудеса.

2. Эффект плацебо приводит к переменам не только в настроении и состояниях, но и в теле.

3. Эффект плацебо работает, даже если мы знаем, что принимаем «пустышку». При условии, что внутренне верим в выздоровление.

4. Вера в лучшее может не только опираться на внешние источники, но и расти изнутри. В этом случае человек становится «сам себе плацебо».

5. Наше будущее — это наше прошлое. Каким было вчера, таким будет и наше завтра.

6. Единственный способ создать себе новое будущее, отличное от прошлого, — это поменять свои мысли, установки и убеждения. Это перестроит нейронные связи в головном мозге. Следом изменится реальность.

7. Мозг не отличает воображаемое событие от реального. Для него это одно и то же. Эта способность мозга открывает нам невозможное: создать себе такую жизнь, какую хочется.

8. Влияние генов на нашу жизнь и судьбу сильно преувеличено. Почти все, что мы имеем, мы заслужили своими мыслями и поступками.

9. Действие, наполненное осознанным смыслом и, следовательно, энергией, скорее приведет к ожидаемому результату.

10. Навык медитации — не привилегия избранных. Его можно развить. Но этим нужно действительно заниматься.

Сам себе плацебо

Джо Диспенза

**Единственный способ создать себе новое будущее, отличное от прошлого, — поменять свои мысли, установки и убеждения.
Это перестроит нейронные связи в головном мозге. Следом изменится реальность.**

ЭТАПЫ ТРАНСФОРМАЦИИ РЕАЛЬНОСТИ

ОБУСЛОВЛИВАНИЕ

Условный рефлекс: связь опыта с ощущениями.
Выпил обезболивающее (стимул) — прошла головная боль (реакция)

ОЖИДАНИЕ

Возникает при мыслях о другом исходе.
Пациент слышит хорошие отзывы о новом препарате. В его мозге возникает связь между этим препаратом и исчезновением боли

СМЫСЛ

Действие, наполненное осознанным смыслом и энергией, скорее приведет к нужному результату

Визуализация и погружение в правильные мысли и состояния — отличный путь к достижению здоровья и процветания

Регулярно представляйте себе некий результат, и ваш мозг не отличит воображаемую реальность от настоящей

Здоровы и счастливы те, кто живет в «высоких вибрациях», испытывая чувства благодарности, любви, понимания, доверия

Чтобы запустить процесс трансформации внутреннего «я» и внешнего мира этого «я», практикуйте медитацию

Положительные эмоции — катализатор процесса благоприятных изменений

Чем полнее мы принимаем, верим и доверяемся, тем большего успеха на пути изменения жизни можем достичь

НАШУ РЕАЛЬНОСТЬ ОПРЕДЕЛЯЮТ НАШИ МЫСЛИ И НАСТРОЕНИЕ

Биология веры. Как сила убеждений может изменить ваше тело и разум
Брюс Липтон

The Biology of Belief
Bruce H. Lipton

1. Нашим телом, сознанием и жизнью управляет не генетический код, а внешние факторы, самый важный из которых — наша вера.

2. Гены могут меняться под воздействием внешних факторов — питания, экологии, эмоций, стресса.

3. Лишь 2% людей на планете страдают заболеваниями, которые генетически обусловлены. Остальные рождаются с генами, которые позволяют вести здоровую, счастливую жизнь.

4. Клетка может существовать без ядра, где находится молекула ДНК, а без мембраны или ее элементов, обеспечивающих взаимодействие с внешним миром, умирает.

5. Эволюция — это не жесткая кровавая борьба и суровый естественный отбор, а объединение и эффективное взаимодействие.

6. Человек отличается от других животных тем, что может отслеживать свое бессознательное запрограммированное поведение и менять его, выбирая, реагировать на те или иные сигналы или нет.

7. Позитивные верования способны излечить человека, а негативные — даже довести до смерти.

8. Мать и отец могут влиять на здоровье, развитие и другие аспекты жизни ребенка еще до его зачатия через генный импринтинг.

9. На здоровье и интеллект ребенка в утробе матери влияют внешние экономические и социальные условия, питательные и токсичные вещества, получаемые от матери, и отношение родителей друг к другу и к нему.

10. Для гармоничного развития ребенку важно получать внимание и любовь родителей и много играть.

Биология веры

Брюс Липтон

Нашим телом, сознанием и жизнью управляет не генетический код, а внешние факторы, самый значимый из которых — наши убеждения.

Биология человека не статична, а может меняться в зависимости от психологического и духовного состояния

«Эмоциональные молекулы» синтезируются не только вследствие реакций на внешнюю среду, но и в результате активности сознания

Наши гены — лишь молекулярные «чертежи», которые использует «подрядчик», создающий клетки, ткани и органы. Этот «подрядчик» — внешняя среда

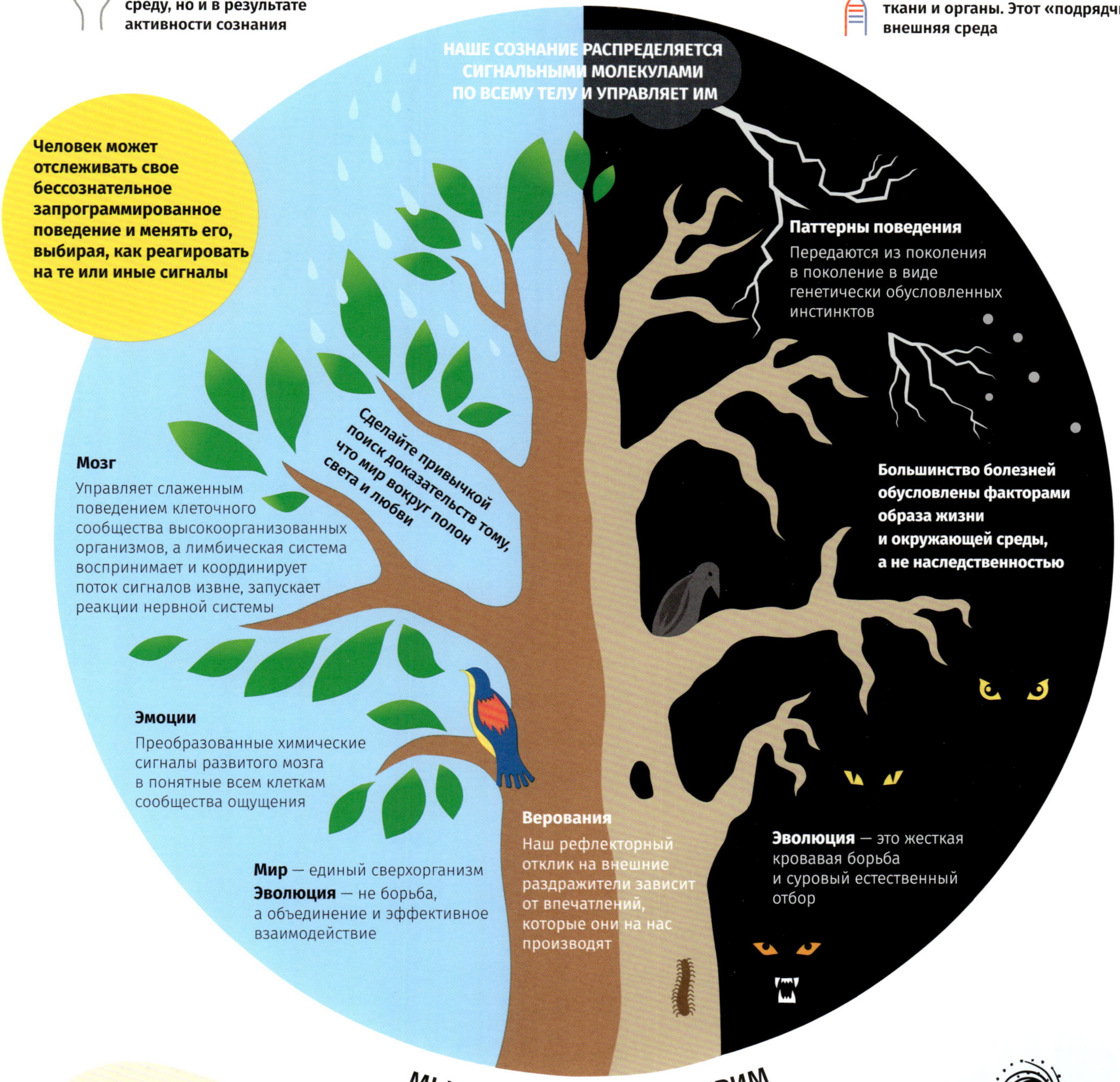

МЫ — ТО, ВО ЧТО МЫ ВЕРИМ

Эффект плацебо
Позитивные убеждения способны вывести из депрессии и избавить от болезни

Эффект ноцебо
Если вы решите жить в мире страха, стресс сильно изменит ваше душевное и физическое состояние

Воздействие сознания на организм может вести как к выздоровлению, так и к болезням

Сила подсознания. Как изменить жизнь за 4 недели
Джо Диспенза

Breaking The Habit of Being Yourself: How to Lose Your Mind and Create a New One
Joe Dispenza

1. Мир на 99% — не материя, а энергия. В нем все меняется и все возможно.

2. Реальность — это то, на что мы обращаем внимание.

3. Все, что мы знаем, видим и ощущаем, — всего лишь нейронные связи в мозгу, и перестраивать их нам под силу в любом возрасте.

4. Плохое настроение и скверные мысли — не данность, а просто заученная привычка.

5. Жизнь развивается либо по сценарию выживания, либо по сценарию созидания, и выбор всегда за нами.

6. Мозг способен создать яркий, реалистичный образ нашего идеального «я», который потом сбудется в реальности. Чем больше знаний и впечатлений вы накопили, тем детальнее будет этот образ. Относитесь к поглощаемой информации бдительно.

7. Живите со знанием, что в одной из проекций Вселенной ваши помыслы уже реализованы. Желайте их — и тем самым приблизите их появление.

8. Не делите время на медитацию и остальные часы. Если вы думаете о новой личности полчаса в день, а в остальное время живете по-старому, никаких изменений не будет.

9. Не определяйте себя через внешний мир: статус, покупки, состояние счета. Если вы ждете, что вас сделают счастливым обстоятельства, вы уже проиграли.

10. Если вы постоянно анализируете свои чувства и действия — вы несчастны. Путь к счастью — не анализ, а созерцание.

Сила подсознания

Джо Диспенза

Мир на 99% — не материя, а энергия. Наша жизнь зависит исключительно от хода наших мыслей. Следуйте уникальной методике личной трансформации, и всего за 4 недели сможете «переписать» базовые настройки своего подсознания.

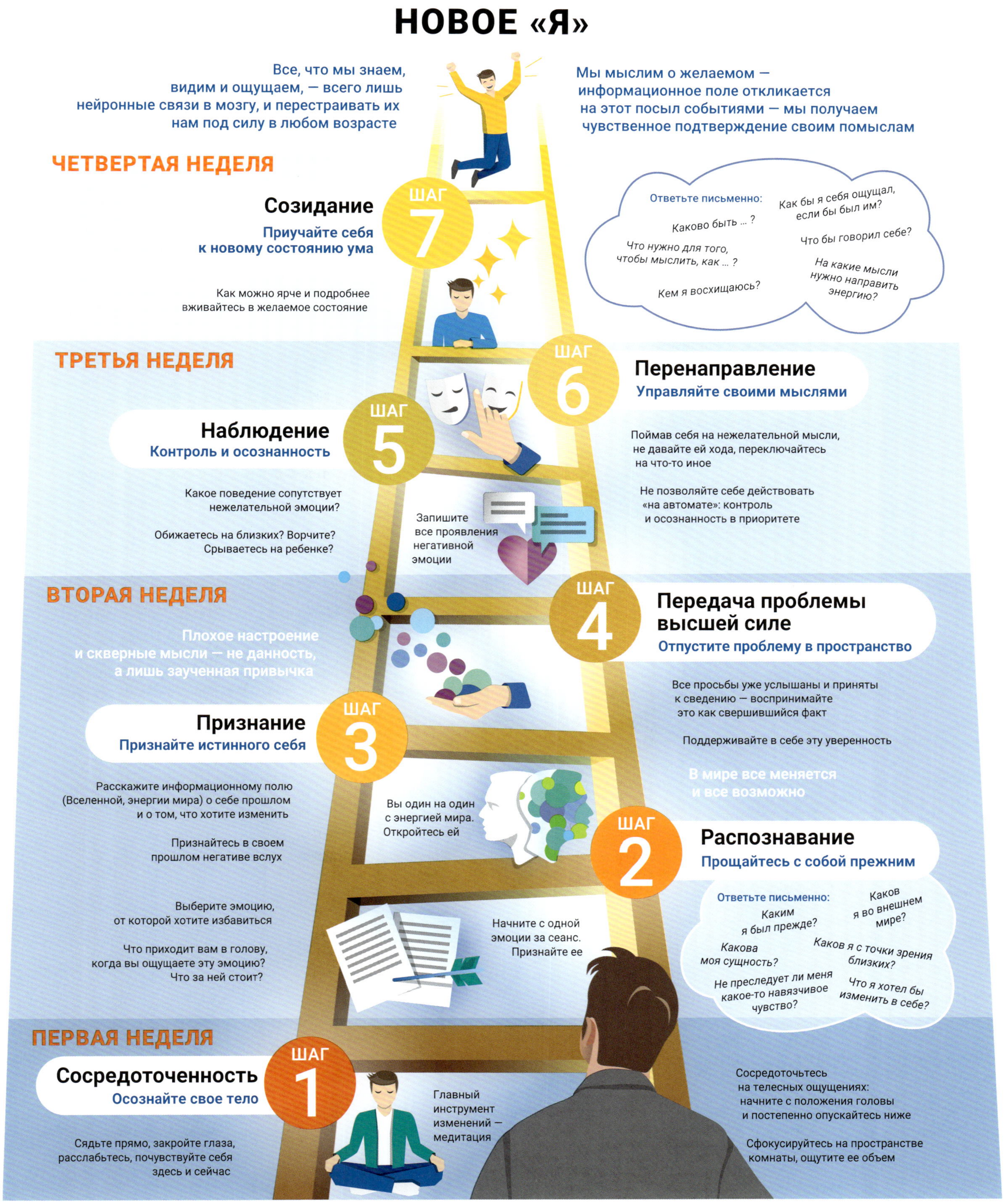

Новая позитивная психология: научный взгляд на счастье и смысл жизни
Мартин Селигман

Authentic Happiness: Using the New Positive Psychology to Realize Your Potential for Lasting Fulfillment
Martin Seligman

1. Дорога к счастью ведет через оптимизм. Оптимисты живут лучше пессимистов по целому ряду параметров (долголетие, работоспособность, творческий потенциал, общительность, стойкость). Человек может научиться как беспомощности, так и оптимизму.

2. На продолжительное удовлетворение жизнью влияют: здоровье, материальное благополучие, наличие семьи, возраст — но прямой зависимости ни с одним параметром нет.

3. Настоящее счастье приносят позитивные чувства, связанные с проявлением лучших качеств (достоинств и добродетелей) человека. Существуют относительно универсальные добродетели, которые признаются в большинстве человеческих обществ, религий, философских учений.

4. Продолжительное счастье невозможно без погружения в «поток». Такое состояние наступает, когда цель соответствует возможностям, соответственно реализуема, а дело настолько увлекает, что теряется связь со временем, возникает полная концентрация на самом процессе.

5. В современном обществе материальные стимулы при выборе работы теряют значимость, важнее становится частота погружения в «поток» в течение рабочего времени.

6. Супружество — отличное психотерапевтическое средство, в устойчивых парах ниже риск депрессий и легче преодолеваются трудности. В счастливом устойчивом союзе обычно хотя бы один партнер — оптимист.

7. В счастливых продолжительных союзах обычно стиль любви хотя бы одного партнера — «спокойный» («избегающий» и «беспокойный» стили увеличивают риск разрыва).

8. Поддерживая у маленького ребенка положительные эмоции, важно развивать все свойственные ему достоинства и добродетели.

9. Развитие у ребенка достоинств похоже на освоение языка: усваиваться будут те, которые соответствуют «языку семьи».

10. Счастливая жизнь, наполненная смыслом, предполагает наличие высокой цели. Сверхцель формируется, когда человек действует как часть чего-то большего.

Новая позитивная психология

Мартин Селигман

Счастье — не генетический подарок или везение, оно доступно каждому. Можно научиться быть счастливым, используя свои добродетели и достоинства.

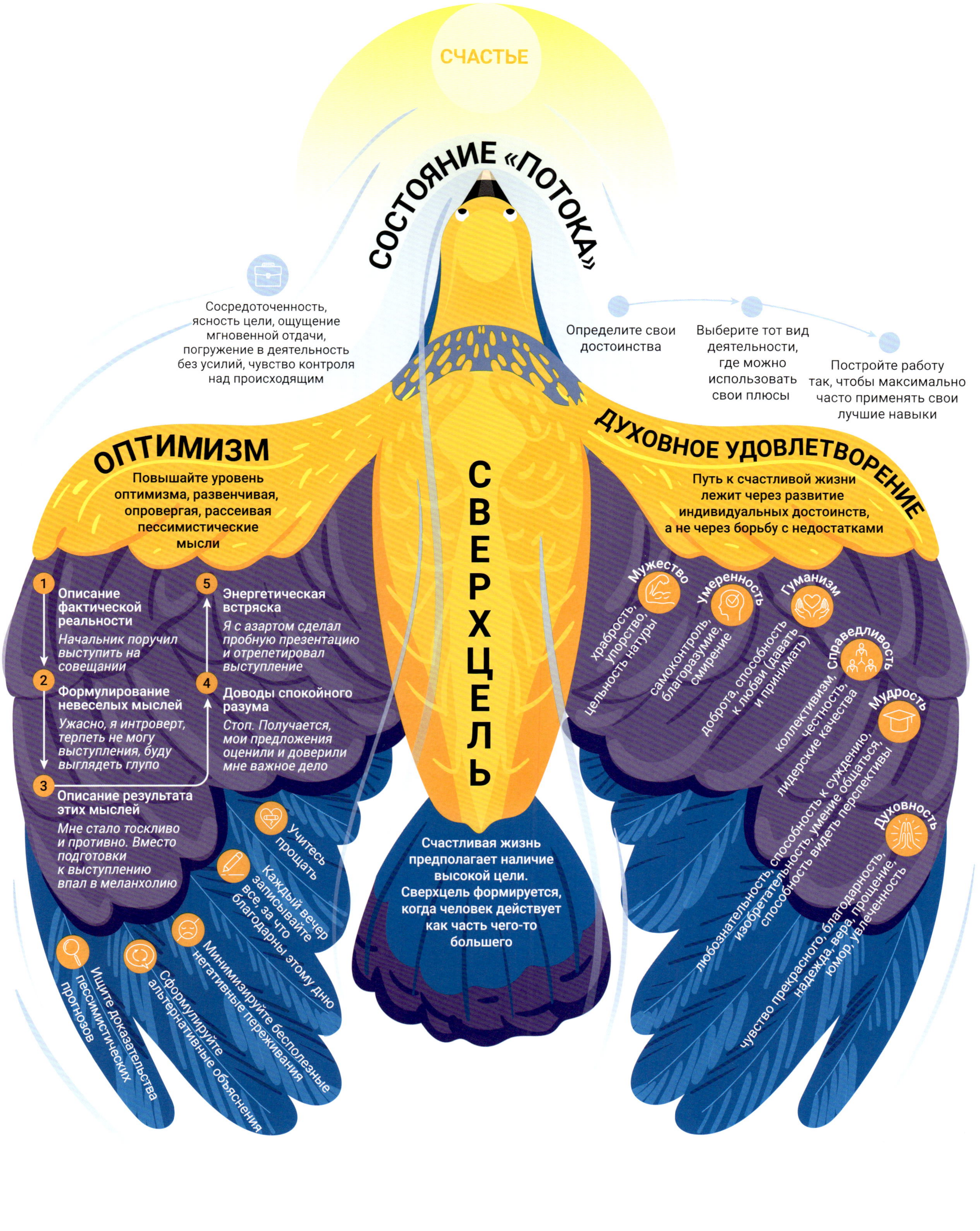

Движение. Как сделать физическую активность частью жизни и не терять форму
Smart Reading

1. Чем меньше мы двигаемся, чем больше времени проводим сидя и лежа, тем сильнее проявляется в нашей жизни тройная проблема среднего возраста: стресс, большой живот и высокий уровень сахара в крови. И если мы ведем «офисный» образ жизни среднестатистического горожанина, чтобы преодолеть эти проблемы, утренней зарядки недостаточно.

2. Сократить общее количество хронической, привычной малоподвижности гораздо важнее, чем добавить редкие всплески физической активности.

3. Люди, проявляющие регулярную физическую активность, в отличие от любителей постоянно сидеть и лежать на диване, способны перенести финальную фазу старения иммунной системы на последние годы жизни.

4. Когда человек занимается активной деятельностью, его силы восстанавливаются, а уровень стресса снижается. Независимо от вашего размера одежды и состояния здоровья всегда найдется подходящий вид физической активности.

5. Измеряйте свою активность и ставьте себе измеримые цели. Уже сами измерения способны положительно повлиять на вашу активность. А цели могут быть скромными, но обязательно выраженными в цифрах и ограниченными по времени.

6. Мотивация — это ваши конкретные причины, по которым вы должны больше двигаться здесь и сейчас. Найдите их и выберите активность по душе — это путь наименьшего сопротивления.

7. Активный образ жизни начинается дома, так что, если вы хотите долгосрочных перемен, начинайте с дома. Сделайте так, чтобы на пути к движению и активности было как можно меньше препятствий. Если вам невыносимо лень ехать утром в спортзал, организуйте его прямо возле кровати.

8. Работать — не значит сидеть. Придумайте, как вы можете уменьшить количество «сидячего» времени в течение дня. Отличный вариант — больше пить. Тогда вам волей-неволей придется ходить на кухню за очередным стаканом воды и в туалет.

9. Не ешьте за рабочим столом. Старайтесь использовать обеденный перерыв, чтобы передохнуть и отвлечься. Пройдитесь по офису. Если позволяет погода, прогуляйтесь. Сходите поесть с друзьями. Обед — отличный повод размяться.

10. Активность важнее тренировок. Сколько времени вы должны посвящать тренировкам? Ученые дают противоречивые ответы. Но самый простой ответ таков: чуть больше, чем вы занимаетесь сейчас. Немного физической активности лучше, чем никакой. Ежедневно понемногу увеличивайте нагрузку.

Движение

Люди, проявляющие регулярную физическую активность, замедляют старение иммунной системы, продлевая себе жизнь.

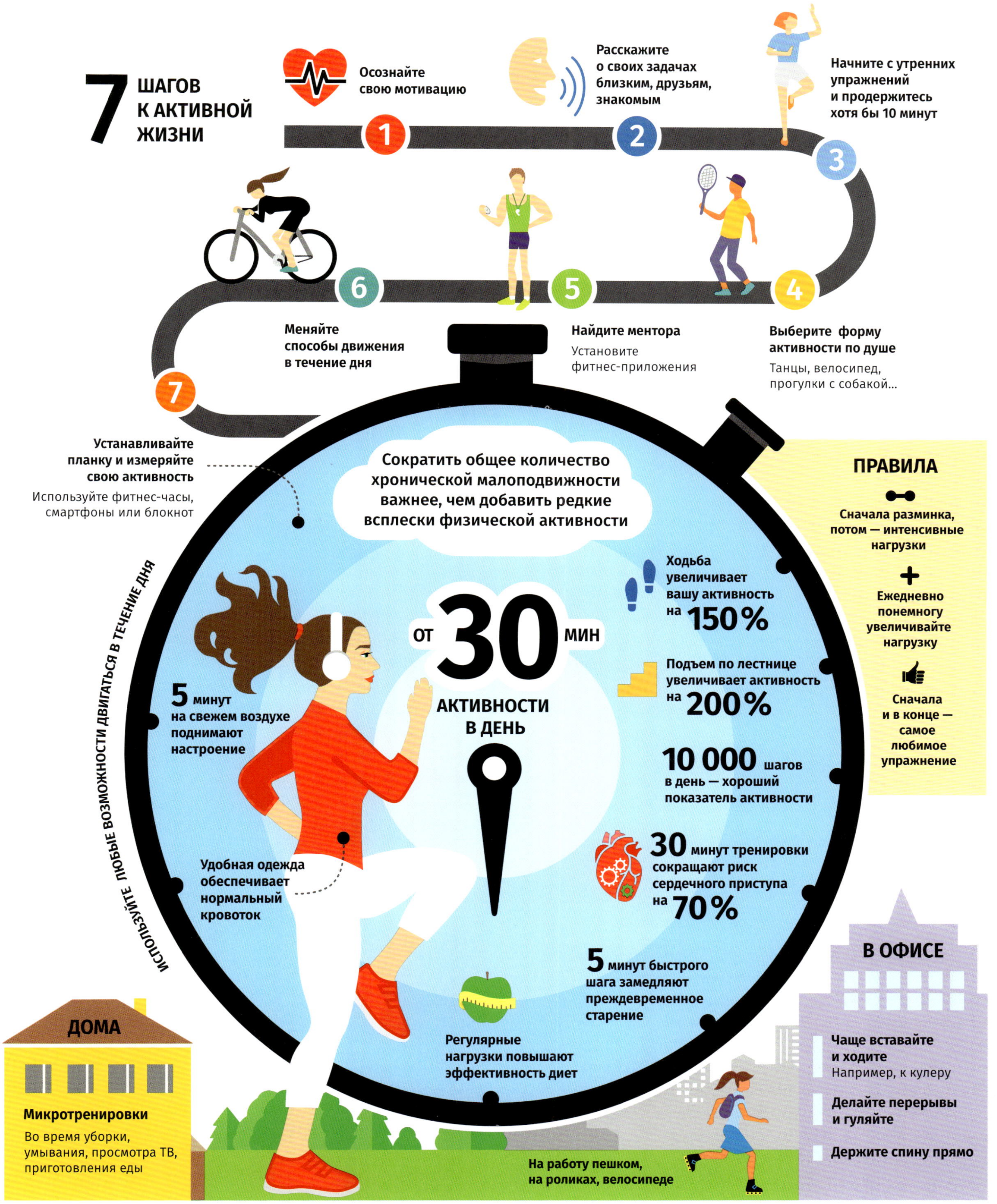

Библия бега. Свод знаний о беге
Тим Ноукс

Lore of Running
Tim Noakes

1. То, с каким настроением вы выходите бегать, важнее вашей физической формы.

2. Есть и обратная зависимость: бегуны чаще всего оптимисты, редко болеют депрессиями и более здоровы.

3. Начинайте с малого и постепенно наращивайте интенсивность тренировок.

4. Сначала тренируйте выносливость и только потом — скорость.

5. Тренируйтесь регулярно в течение всего года, независимо от погодных условий.

6. Тренироваться слишком много не нужно. Ставьте себе адекватные и достижимые цели.

7. Избегайте перетренированности. Если сомневаетесь — отдохните. Отдых и восстановление важнее результатов.

8. Составляйте тренировочные планы, но не превращайте их в ловушку для себя самого. Меняйте планы в зависимости от того, как меняется ваше состояние.

9. Учитесь чувствовать свое тело и настрой. Обращайте внимание на стрессы в вашей жизни, которые не связаны со спортом, и учитывайте их, планируя тренировки.

10. Помните о профилактике травм: следите за износом обуви, растягивайтесь, разминайтесь перед тренировками, укрепляйте корпус.

Библия бега

Тим Ноукс

Любители бега настроены позитивно, меньше подвержены депрессиям, у них лучше работают мышление и память, они более сознательно относятся к своему здоровью.

ЗАКОНЫ ТРЕНИРОВОК

ТРЕНИРОВКА СОЗНАНИЯ

Ментальная подготовка важнее физической

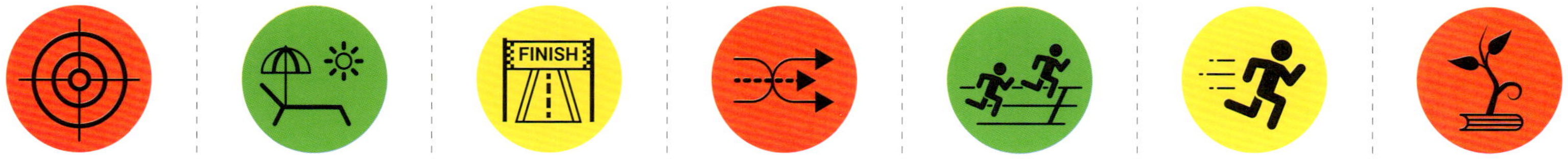

- Установка адекватных целей на забеги
- Умение успокоиться перед стартом
- Визуализация — мысленное преодоление дистанции
- Планирование стратегии на гонку
- Умение не обращать внимания на конкурентов
- Стремление выложиться максимально, невзирая на результат
- Готовность учиться на собственных ошибках

Естественный бег. Простой способ бегать без травм
Дэнни Эбшир, Брайан Метцлер

Natural Running. The Simple Path to Stronger, Healthier Running
Danny Abshire, Brian Metzler

1. Естественный бег — один из наиболее простых и доступных способов бега в условиях города. Техника основана на биомеханике стопы, ног и корпуса человека. Она позволяет бегать на длинные дистанции с минимальными затратами энергии и предохраняет организм бегуна от травм.

2. Естественная биомеханика бега имеет наиважнейшее значение именно для спортсменов-любителей и для тех, кто занимается бегом в оздоровительных целях. Первым она поможет существенно (на минуты и десятки минут) улучшить результаты, вторым — получить удовольствие и уберечь ноги от травм.

3. Что же такое естественный бег? Это способ перемещения, который использовали наши предки тысячи лет назад. Мягкое приземление на переднюю часть стопы, собранные согласованные движения рук, слегка наклоненный вперед корпус — максимально естественные движения тела.

4. Если попросить любого человека пробежаться босиком, то он либо сразу начнет бежать на передней части стопы, либо достаточно быстро перейдет на такой способ бега, сделав интуитивный выбор в пользу безопасности и легкости.

5. Для среднестатистического человека длительный бег босиком не полезен. Тело не готово к таким нагрузкам, бегать босиком лучше по относительно мягкой поверхности (земля, поле, трава). В городе же лучше бегать в легких кроссовках с относительно ровной подошвой, позволяющих сымитировать бег босиком.

6. Чтобы получить хорошие результаты, сначала нужно подготовить фундамент: это развитие выносливости и создание аэробной базы — способности организма насыщаться кислородом.

7. Очень важно слушать свой организм во время бега. Сейчас все увлечены гаджетами, бегом в наушниках, это мешает пониманию своего состояния, плохо влияет на результаты бегуна и снижает оздоровительный эффект бега.

8. Нужно найти и соблюдать баланс нагрузки и восстановления. После стресса тренировки необходимо дать организму достаточное время для отдыха.

9. Системы организма нужно тренировать последовательно. Сначала аэробную, затем анаэробную (4–6 недель интервальных работ); затем скоростные тренировки на короткие дистанции и, в конце тренировочного цикла, бег на соревновательной скорости.

10. Подводить организм к старту нужно плавно. Программа тренировок планируется в обратном порядке: от соревнования к началу тренировочного цикла, с учетом последовательности тренировки систем организма. Интенсивность и периоды нагрузок надо рассчитать так, чтобы организм вышел на пик формы к соревнованию.

Естественный бег

Дэнни Эбшир, Брайан Метцлер

Естественный бег — это простой и эффективный способ бегать без травм, улучшать спортивные результаты и получать удовольствие от тренировок.

ПРОФИЛАКТИКА ТРАВМ

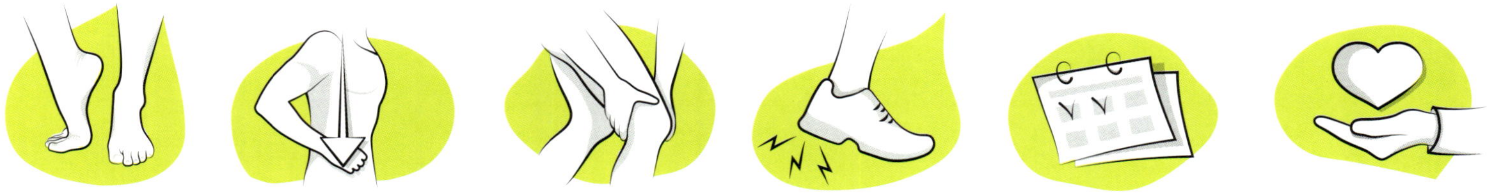

Изучите свой тип стопы и особенности его работы
Регулярно делайте упражнения босиком на укрепление стопы

Бегайте естественно
Центр вашего тела должен находиться над стопой при приземлении

Растяжка
Поддерживайте мышцы в тонусе и развивайте гибкость. Делайте растяжку и самомассаж после тренировок

Не игнорируйте травмы, боль и неправильную технику
Если появилась боль — установите причину. Добежать до финиша — это хорошо, но здоровье и безопасность важнее

Тише едешь, дальше будешь
Множество курсов обещают подготовку к марафону с нуля за 12 недель. Но не каждый организм выдержит такую нагрузку

Прислушивайтесь к организму
Работайте над техникой — это позволит предупредить травмы и сохранить здоровье

50 подтягиваний через 7 недель: укрепи свои руки, плечи, спину и пресс
Бретт Стюарт

7 Weeks to 50 Pull-Ups: Strengthen and Sculpt Your Arms, Shoulders, Back, and Abs by Training to Do 50 Consecutive Pull-Ups
Brett Stewart

1. Подтягивание — это комплексное упражнение на развитие силы, которое затрагивает все основные группы мышц верхней части тела, заставляя их выполнять совместную работу для завершения движения.

2. Подтягивания — это одно из самых простых и эффективных упражнений, которые можно использовать для создания сильной и рельефной мускулатуры тела. К тому же подтягиваться можно где угодно.

3. Ключевой фактор успеха — регулярное выполнение подтягиваний с правильной техникой, позволяющей эффективно распределять нагрузку по всему телу.

4. Разминка перед тренировкой необходима для разогрева мышц и суставов, усиления притока крови к тренируемым мышцам, улучшения концентрации и ощущения относительного положения частей тела и движения.

5. Растяжка после тренировки нужна, чтобы уменьшить болевые ощущения от тренировок, повысить гибкость суставов и мышц. Также она возвращает эластичность телу.

6. Чтобы определить свою текущую форму, нужно выполнить максимальное количество подтягиваний. Перед тестом надо хорошо отдохнуть, насытить организм водой, провести разминку и растяжку. Турник должен быть не слишком высокий и не слишком низкий.

7. Самый удобный режим тренировок по подтягиванию — в понедельник, среду и пятницу с обязательным отдыхом между «рабочими» днями.

8. В ходе тренировки не перенапрягайтесь и не расслабляйтесь слишком сильно. Не подтягивайтесь слишком быстро, сосредоточьтесь на плавной технике. Выдыхайте во время подъема и вдыхайте во время опускания.

9. Если вы вообще пока не можете подтянуться, делайте тягу блока вниз на тренажере. Цель на этом уровне — сделать минимум семь подтягиваний.

10. Далее можно переходить к семинедельной программе для начинающих, цель которой — довести количество подтягиваний до 50 за тренировку.

50 подтягиваний через 7 недель

Бретт Стюарт

Подтягивания — это одно из самых простых и эффективных упражнений, которые можно использовать для создания сильной и рельефной мускулатуры тела.

- Прямой хват (зелёный)
- Обратный хват (красный)
- Нейтральный/узкий хват (жёлтый)
- Широкий хват (голубой)

Программа для тех, кто подтягивается от 7 раз за подход

вт, чт, сб, вс — дни отдыха

неделя	пн	ср	пт
1	5× прямой, 4× обратный, 5× нейтральный/узкий, 4× обратный, 3× прямой	6× прямой, 5× обратный, 5× нейтральный/узкий, 6× обратный, 4× прямой	5× прямой, 6× обратный, 6× нейтральный/узкий, 5× обратный, 5× прямой
2	6× прямой, 5× обратный, 4× нейтральный/узкий, 6× обратный, 5× прямой	8× прямой, 5× обратный, 5× нейтральный/узкий, 4× обратный, 4× прямой	5× прямой, 9× обратный, 5× нейтральный/узкий, 5× обратный, 5× прямой
3	8× прямой, 6× обратный, 5× нейтральный/узкий, 6× обратный, 2× широкий	8× прямой, 7× обратный, 6× нейтральный/узкий, 5× обратный, 2× широкий	10× прямой, 6× обратный, 7× нейтральный/узкий, 8× обратный, 2× широкий
4	8× прямой, 10× обратный, 6× нейтральный/узкий, 6× обратный, 2× широкий	11× прямой, 6× обратный, 8× нейтральный/узкий, 6× обратный, 2× широкий	10× прямой, 10× обратный, 10× нейтральный/узкий, 6× обратный, 2× широкий
5	10× прямой, 9× обратный, 10× прямой, 7× обратный, 6× прямой	11× прямой, 10× обратный, 9× прямой, 7× обратный, 5× прямой	14× прямой, 12× обратный, 11× прямой, 9× обратный
6	11× прямой, 12× обратный, 11× прямой, 10× обратный, 10× прямой	15× прямой, 12× обратный, 10× прямой, 9× обратный, 9× прямой	17× прямой, 15× обратный, 12× прямой
7	14× прямой, 16× обратный, 10× прямой, 10× обратный, 10× прямой	15× прямой, 15× обратный, 10× прямой, 10× обратный, 10× прямой	14× прямой, 13× обратный, 12× прямой, 11× обратный, 10× прямой

- Разминайся перед тренировкой
- Уделяй максимум внимания технике
- Выдыхай во время подъема и вдыхай во время опускания
- Делай отдых между подходами по 90 сек., (на 1-й нед. – 60 сек.), при необходимости – больше
- Не делай подтягивания слишком быстро
- Растягивайся после тренировки

Силовые тренировки. Избавься от заблуждений

Алексей Фалеев

1. Силовая нагрузка нужна любому атлету. Она формирует необходимую силу, обеспечивая высокий уровень результатов.

2. В отличие от многих других видов спорта, в силовых видах человек может развиваться и держать высокий уровень до 80 лет.

3. К силовым тренировкам следует подходить осторожно и осознанно. Здесь техника на 90% определяет успех и отсутствие рисков травмы. Постепенное наращивание нагрузки — важный принцип эффективного тренинга.

4. Основной принцип силовых тренировок — тяжелые базовые упражнения. Для новичка трех базовых упражнений — жима лежа, становой тяги и приседаний — более чем достаточно, остальное только замедляет прогресс, запутывает и отвлекает.

5. Тяжелые базовые тренировки делаются по правилу «5 подходов по 5–8 повторений», легкие — с весом 80% от тяжелых по правилу «5 подходов по 4 повторения».

6. Подъемов на максимум или проходок быть не должно, для этого есть соревнования.

7. Не жалейте времени на разминку и заминку. Они уберегут вас от травм и позволят быстрее прогрессировать.

8. Важно полноценно отдыхать. Ваши мышцы развиваются именно во время отдыха и восстановления, а не напряжения. Отдых состоит из трех элементов — сна, растяжки и прогревания мышц.

9. Помимо стандартных упражнений, включите в свой арсенал изометрические. Сила, приобретенная во время изометрических упражнений, сохраняется дольше, чем та, которая приобретена при динамических упражнениях.

10. И самое важное — пропускать тренировки можно только в случае смерти атлета, никаких других объективных причин для отмены тренировки не существует!

Силовые тренировки

Алексей Фалеев

Силовая нагрузка нужна любому атлету. Она формирует необходимую силу, обеспечивая высокий уровень результатов.

10 ПРИНЦИПОВ ЭФФЕКТИВНЫХ ТРЕНИРОВОК

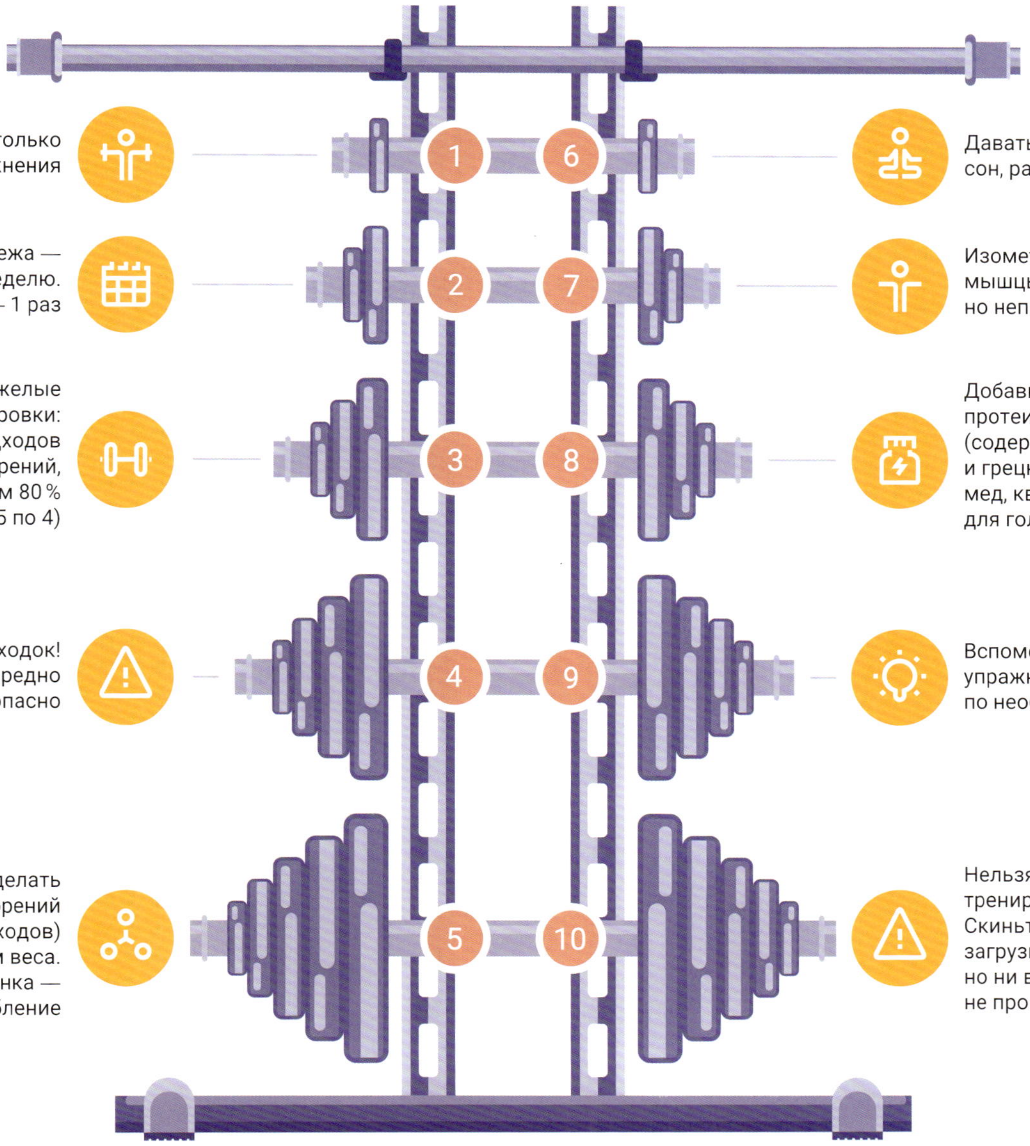

1. Достаточно делать только базовые упражнения
2. Приседания и жим лежа — 2 раза в неделю. Становая тяга — 1 раз
3. Тяжелые базовые тренировки: 5 подходов по 5–8 повторений, легкие — с весом 80 % от тяжелых (5 по 4)
4. Никаких проходок! Это вредно и очень травмоопасно
5. В ходе разминки делать от 10 до 20 повторений (от 3 до 5 подходов) с плавным наращиванием веса. Заминка — растяжка и расслабление
6. Давать отдых мышцам: сон, растяжка и прогревание
7. Изометрические упражнения: мышцы напряжены, но неподвижны
8. Добавки и питание: протеин, аргинин (содержится в кедровых и грецких орехах), мед, квас, витамины для головного мозга
9. Вспомогательные упражнения — только по необходимости
10. Нельзя пропускать тренировки! Скиньте нагрузку, загрузите другие мышцы, но ни в коем случае не пропускайте

ТЕХНИКА

ПРИСЕДАНИЯ

Задействованные мышцы

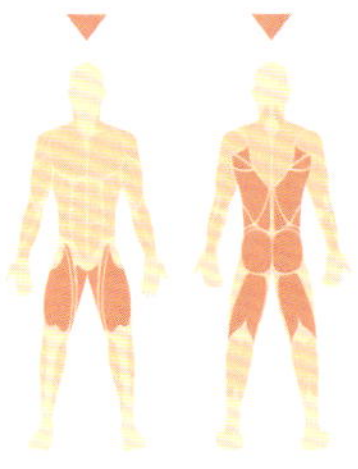

Снять штангу со стоек, сделать пару шагов назад

Присесть до нужной глубины, встать, поставить штангу на стойки (низко)

ЖИМ ЛЕЖА

Задействованные мышцы

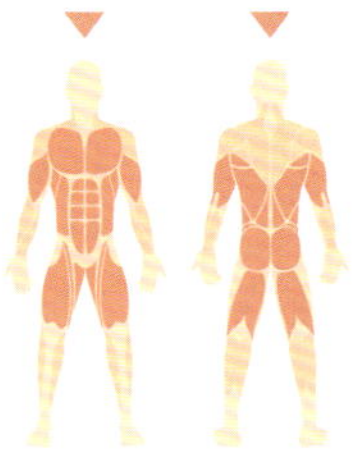

Лежа на скамье, удерживать штангу над грудью на вытянутых руках

Опустить штангу на грудь, вернуть в исходное положение

СТАНОВАЯ ТЯГА

Задействованные мышцы

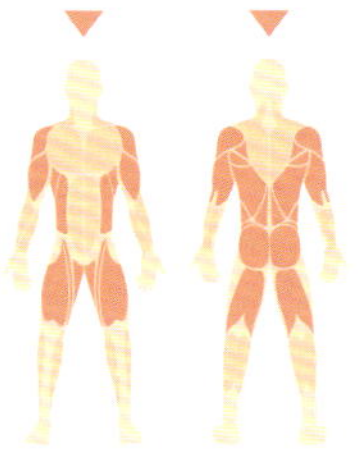

Взяться руками за гриф штанги

Выпрямиться, отрывая штангу от пола, затем опустить штангу

Правильное питание. Как и чем питаться, чтобы оставаться сильным и здоровым долгие годы
Smart Reading

1. Люди умирают не от старости, а от болезней. Большинство преждевременных смертей можно предотвратить. Генетическая предрасположенность к болезням — это лишь 10–20% риска. Основная причина преждевременной смерти — неправильный рацион.

2. Продукты влияют на наше настроение и самочувствие, они буквально могут сделать нашу жизнь счастливее (или наоборот). Исследования доказали существование связи между едой и умственными способностями: определенные продукты снижают или повышают энергию мозга.

3. Не худейте, а питайтесь хорошо. Вместо того чтобы стараться избавиться от пары килограммов в ближайший месяц, измените свой рацион в целом, и тогда новые привычки принесут много пользы в будущем. Телу нужно время, чтобы отреагировать на изменение питания. Обычно хватает года или около того.

4. Сравнивайте выгоды и потери. Если вы выбираете более полезный продукт, например воду вместо газировки, это чистая выгода. Если же предпочли жареную картошку, например, овощам — это потеря. Всякий раз, отправляя еду в рот, спрашивайте себя: этот кусочек — чистая выгода или потеря для вашего здоровья?

5. Здоровье начинается в магазине. Перестаньте автоматически покупать то, что закончилось, пересмотрите свой список продуктов, оставив в нем только полезную еду. Ходите за продуктами чаще, закажите полезные продукты через интернет, чтобы они всегда были у вас на полке.

6. Постарайтесь провести во фруктово-овощном отделе как можно больше времени в первую очередь и только потом отправляйтесь за остальными покупками.

7. Помните о сроке годности — чем он короче, тем продукт полезнее.

8. Ешьте сначала полезное: трапезу лучше начинать с овощей или салата. Если вам так уж хочется съесть что-то вредное, оставьте это на потом. По данным экспериментов, съеденное вначале составляет около 50% одного приема пищи.

9. Самая полезная еда — сырая, приготовленная на пару или запеченная. Самая вредная — из микроволновки или обжаренная на масле.

10. Когда еда подается на больших тарелках, мы съедаем гораздо больше. Выбирайте тарелки, диаметр которых ближе к длине вашей ладони, а не ступни.

Правильное питание

Путь к здоровью начинается в магазине.
Продумывайте свой рацион и покупайте только те продукты, которые принесут вам пользу.

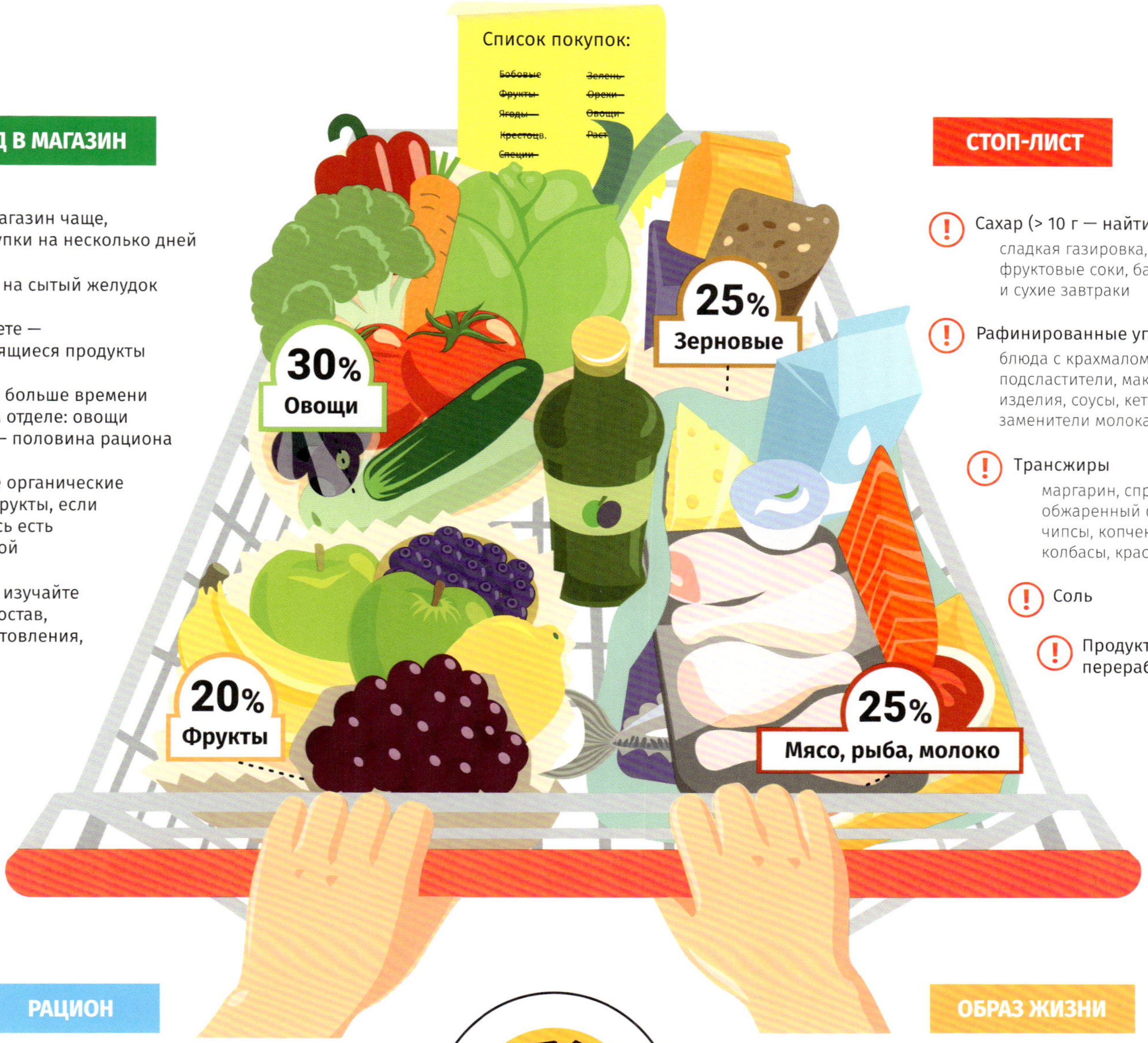

ПОХОД В МАГАЗИН

Ходите в магазин чаще, делая покупки на несколько дней

Покупайте на сытый желудок

В приоритете — скоропортящиеся продукты

Проводите больше времени в овощном отделе: овощи и фрукты — половина рациона

Выбирайте органические овощи и фрукты, если собираетесь есть их с кожурой

Тщательно изучайте этикетку: состав, сроки изготовления, хранения

СТОП-ЛИСТ

- Сахар (> 10 г — найти замену)
  сладкая газировка, фруктовые соки, батончики и сухие завтраки
- Рафинированные углеводы
  блюда с крахмалом, подсластители, макаронные изделия, соусы, кетчупы, заменители молока
- Трансжиры
  маргарин, спреды, обжаренный фастфуд, чипсы, копчености, колбасы, красное мясо
- Соль
- Продукты переработки

РАЦИОН

- 7 порций овощей и фруктов в день
- Самая здоровая еда — непереработанные продукты растительного происхождения
- Вместо газировки и сока — вода, кофе, чай
- Добавляйте специи: корицу, чеснок, мускатный орех, петрушку и куркуму

Белки
Обеспечивают рост и развитие клеток

Жиры
Накапливают и сохраняют запас энергии

Углеводы
Дают энергию, насыщают организм

Клетчатка
Удаляет токсины из кишечника

ОБРАЗ ЖИЗНИ

- Ешьте утром больше, в обед меньше, еще меньше на ужин
- Ешьте не спеша: по 20 минут на порцию
- Начинайте трапезу с овощей или салата
- Пользуйтесь маленькими цветными тарелками

РЕЙТИНГ ПРИГОТОВЛЕНИЯ

Сыроедение	На пару	Запекание	Тушение	Гриль	Варка	Микроволновая печь	Обжаривание в масле

Соль, сахар и жир. Как пищевые гиганты посадили нас на иглу
Майкл Мосс

Salt Sugar Fat: How the Food Giants Hooked Us
Michael Moss

1. Будущее соли, сахара и жира в нашей диете все еще не определено. С одной стороны, локомотивы крупных корпораций — это продукты, которые становятся причиной лишнего веса. С другой стороны, эти же корпорации в качестве альтернативы предлагают более опасные аналоги.

2. Почти все корпорации не видят будущего без трех китов готового питания. Их главной целью все еще является создание максимально привлекательного, но никак не здорового продукта.

3. Компании не беспокоятся о потребителе. Их гложут другие проблемы — как сокрушить конкурентов и как сделать продукт, который купит большее количество людей.

4. Компании выпускают все больше продуктов, приближенных к точке блаженства — сочетанию ингредиентов, которые делают продукт наиболее привлекательным для покупателей.

5. Организм и мозг человека редко находятся в том состоянии, когда им хочется еды.

6. Главное для человека — это вкус, затем аромат, внешний вид и структура продукта. Все это делает сахар, жир и соль незаменимыми атрибутами готового питания.

7. Сахар обладает удивительным свойством усиливать тягу к еде.

8. Жир — король индустрии полуфабрикатов. Благодаря ему еда становится вкуснее, ароматнее и приятнее внешне. Более того, жир и сахар образуют невероятную синергию, подкрепляя друг друга.

9. Соль — это то, от чего отказаться еще труднее, чем от сладкого или жирного. Соль умеет маскировать горечь и неприятные нюансы готовых продуктов, за что ее так любят производители.

10. Как бы искусны ни были стратегии производителей полуфабрикатов и готовых продуктов, каждый из нас может их обыграть, просто отказавшись от посещения отделов готовой продукции в магазинах. Все, что вы купите и принесете домой, будет съедено.

Соль, сахар и жир

Майкл Мосс

Мозг почти не чувствует разницы между жирной, сладкой, соленой пищей и... наркотиками. Не поддавайтесь уловкам пищевых корпораций!

Продукты изобилуют натрием и натрийсодержащими компонентами, которые обеспечивают сохранность еды и привлекательность вкуса

Повышенное артериальное давление — следствие чрезмерного потребления соли

МАСКИРУЕТ НЕПРИЯТНЫЙ ВКУС ИНГРЕДИЕНТОВ

УСИЛИВАЕТ ТЯГУ К ЕДЕ

Принцип пищевых корпораций: больше сахара — больше продаж

! Кукурузная патока, декстроза, инвертный сироп, солод, мед — тоже сахара

Не покупайте сладости: они вызывают дофаминовую зависимость

ЕДА СТАНОВИТСЯ ВКУСНЕЕ, АРОМАТНЕЕ И ПРИЯТНЕЕ ВНЕШНЕ

! Доля жира в продуктах неизменно растет и никак не ощущается мозгом

**Читайте состав продуктов на этикетке
Следите за калорийностью**

Идеальное сочетание параметров позволяет продукту достичь **точки блаженства** и стать наиболее привлекательным для потребителя

Парадокс долголетия. Как умереть молодым в преклонном возрасте
Стивен Гандри

The Longevity Paradox: How to Die Young at a Ripe Old Age
Steven R. Gundry

1. Митохондрии и кишечные бактерии — потомки первых бактерий на Земле. Они используют тело человека как дом. Мы даем им стабильную еду и укрытие, а они нам — энергию и хорошее самочувствие.

2. Как и в любом поселении, в теле человека идет борьба между хорошими и плохими бактериями. Плохие бактерии разрушают стенки кишечника и нарушают микрофлору организма. Это и запускает привычные процессы старения.

3. Главная задача хороших бактерий — поддерживать в норме пищеварительную функцию организма. Для этого мы должны кормить их правильной едой, не содержащей лектинов и липосахаридов (ЛПС).

4. Лектины и ЛПС нарушают целостность стенок кишечника. В попытках справиться с угрозой иммунная система запускает воспалительный процесс.

5. Хроническое воспаление приводит к развитию артрита, остеопороза, рака, диабета, болезни Альцгеймера и других заболеваний, считающихся «нормальными» для зрелого возраста.

6. Лектины содержатся в пшенице, большинстве бобовых, зерновых и круп, молочных продуктах, а ЛПС проникают в организм вместе с простыми сахарами.

7. Основной инструмент заботы о себе — гормезис. Это процесс, в результате которого организм извлекает пользу из небольшой дозы стресса. В результате гормезиса количество митохондрий в клетках растет, а нежизнеспособные клетки и бактерии погибают.

8. Два главных приема для стимуляции гормезиса — ограничение калорийности рациона и физические нагрузки.

9. Как и в любом деле, важно соблюдать баланс и не перестараться. Слишком длительное или радикальное голодание и выматывающие физические нагрузки окажут на организм противоположный гормезису эффект.

10. Самый важный инструмент восстановления — сон. Именно во сне глиально-лимфатическая система очищает мозг от накопившегося мусора, что позволяет избежать многих нейродегенеративных заболеваний и снижения когнитивной активности мозга.

Парадокс долголетия

Стивен Гандри

Здоровье организма зависит от состояния кишечника.
Оберегая здоровье кишечника, мы можем избежать реакции иммунной системы в виде воспаления, дающей толчок к хроническим болезням и старости.

КАК ПОМОЧЬ СВОЕМУ ЗДОРОВЬЮ

ПОЛЕЗНЫЕ БАКТЕРИИ

Населяют кишечник и поддерживают в норме пищеварительную систему организма

Сигнализируют митохондриям, несет ли угрозу или пользу то, что мы съели

МИТОХОНДРИИ

Структуры внутри клеток организма, превращающие кислород и питательные вещества в энергию

От информации, которую получают митохондрии, зависит ответ иммунной системы

интенсивность сигналов от кишечника к мозгу в 9 раз превышает интенсивность обратной коммуникации

ПЛОХИЕ БАКТЕРИИ

Ведут борьбу за ресурсы питания. Атакуют клетки организма

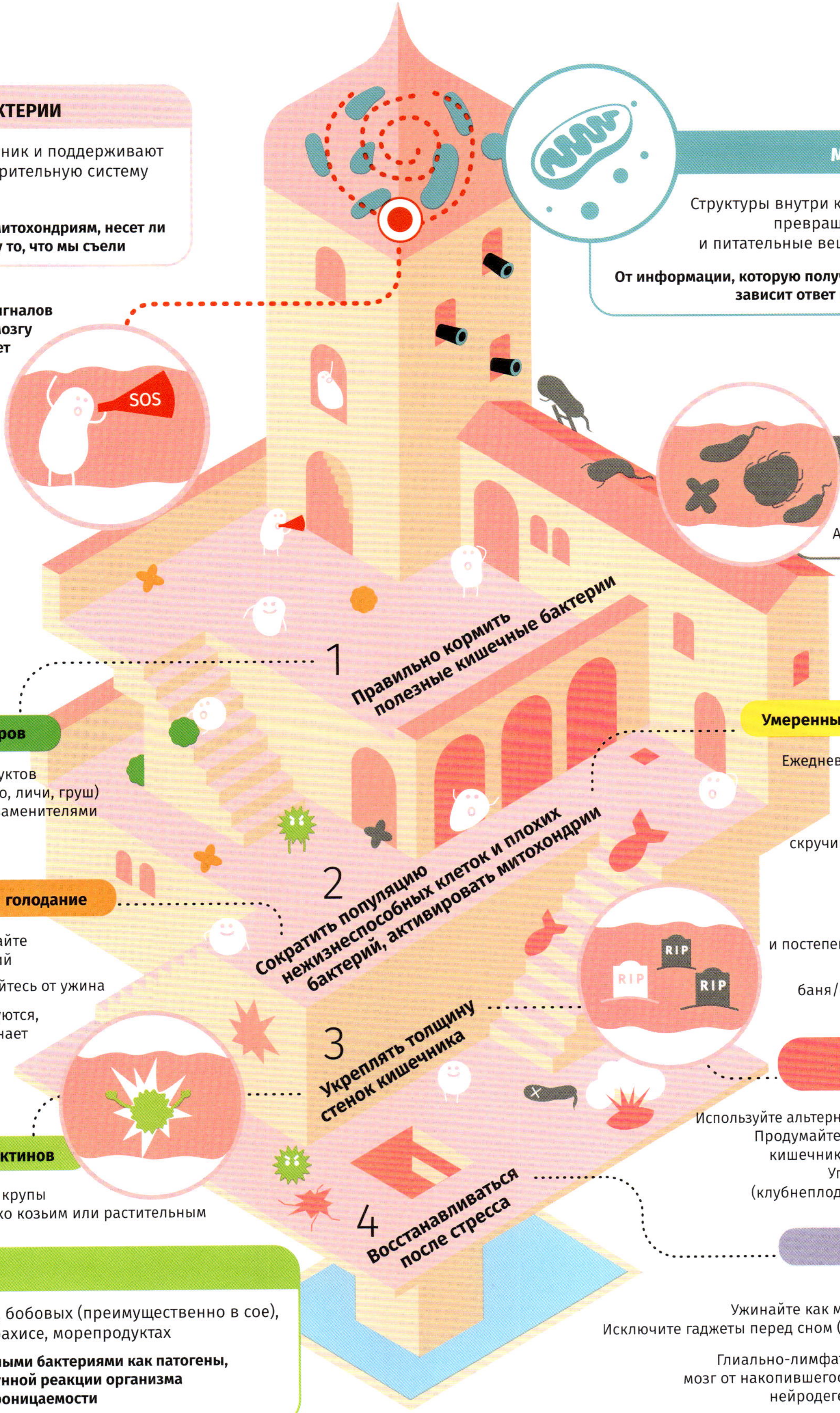

Избегайте простых сахаров

Откажитесь от сладких фруктов (бананов, винограда, манго, личи, груш) и десертов, в т. ч. с сахарозаменителями

Устраивайте временное голодание

1–2 раза в неделю сокращайте рацион до 600 килокалорий

1–2 раза в месяц отказывайтесь от ужина

Митохондрии активизиуруются, иммунная система распознает и атакует неэффективные и слабые клетки

Избегайте попадания лектинов

- Замачивайте бобовые и крупы
- Замените коровье молоко козьим или растительным

ЛЕКТИНЫ

Содержатся в пшенице, бобовых (преимущественно в сое), молочных изделиях, арахисе, морепродуктах

Воспринимаются кишечными бактериями как патогены, что приводит к аутоиммунной реакции организма и развитию кишечной проницаемости

Умеренные физические нагрузки

Ежедневно выделяйте по 1 минуте каждому из упражнений:

- бег на месте
- планка
- скручивания брюшного пресса
- приседания
- медитация

Прохладный душ: начинайте с теплой воды и постепенно снижайте температуру

1 раз в неделю: баня/сауна либо горячая ванна

Избегайте воздействия антибиотиков и НПВП*

- Используйте альтернативные методы лечения
- Продумайте рацион, чтобы заселять кишечник полезными бактериями
- Употребляйте пребиотики (клубнеплоды, корнеплоды и грибы)

«Промывание мозгов»

- Высыпайтесь
- Ужинайте как минимум за 4 часа до сна
- Исключите гаджеты перед сном (а лучше — после заката)

Глиально-лимфатическая система очищает мозг от накопившегося мусора, чтобы избежать нейродегенеративных заболеваний

*нестероидные противовоспалительные препараты

Книга о вреде «здорового питания», или Как жить до ста лет не болея
Хироми Шинья

Living without Disease: A Miracle Enzyme Determines Life
Hiromi Shinya

1. Мы игнорируем внутренние процессы нашего организма (например, изменения в кишечнике), но начинаем суетиться и тратить огромные деньги, когда у нас выпадают волосы или появляются морщины.

2. Все болезни являются «болезнями образа жизни». Даже такие сложные заболевания, как рак, развиваются под воздействием неправильного питания и образа жизни. То, что вы едите сейчас, отразится на вас через 10–20 лет или раньше.

3. Здоровье организма обеспечивается поддержанием необходимого количества ферментов, или энзимов. Проблема в том, что количество энзимов конечно. У каждого из нас свой энзимный потенциал, который исчерпывается в течение жизни. Секрет долголетия в том, чтобы поддерживать необходимую норму энзимов благодаря правильным пищевым привычкам.

4. Пейте простую некипяченую воду. Идеальным рационом потребления воды может быть следующая схема: 500–700 мл воды на голодный желудок, 500 мл за час до завтрака, 500 мл за час до обеда.

5. Оптимальным дневным рационом является следующая пропорция: 85–90% — вегетарианская пища, 10–15% — пища, содержащая животные белки. Суточная норма мяса не должна составлять более 1 грамма на килограмм веса, то есть человеку весом в 80 килограмм будет достаточно 80 граммов белка в день.

6. Откажитесь от стереотипных установок в питании, навязанных популярной культурой, телевидением, родителями и т. д., например, перестаньте употреблять йогурты.

7. Постарайтесь свести к минимуму употребление лекарств: все они в той или иной степени ядовиты, а побочные эффекты от них не исследованы. Постарайтесь устранять причины, а не симптомы.

8. Избегайте трансжирных кислот, содержащихся в масле, маргарине и магазинном печенье, а также сведите к минимуму жареную пищу. Откажитесь от животного молока — от него больше вреда, чем пользы.

9. Не забывайте тщательно пережевывать пищу (не менее 30–50 раз каждый кусочек).

10. Жизненно необходимо употреблять в пищу свежие неочищенные зерновые, овощи и фрукты, выращенные без использования агрохимикатов.

Книга о вреде «здорового» питания

Хироми Шинья

Все наши болезни — результат вредных привычек и неправильного питания. Немного самоограничений, понимания устройства организма, дисциплины — и вы на пути к столетнему юбилею.

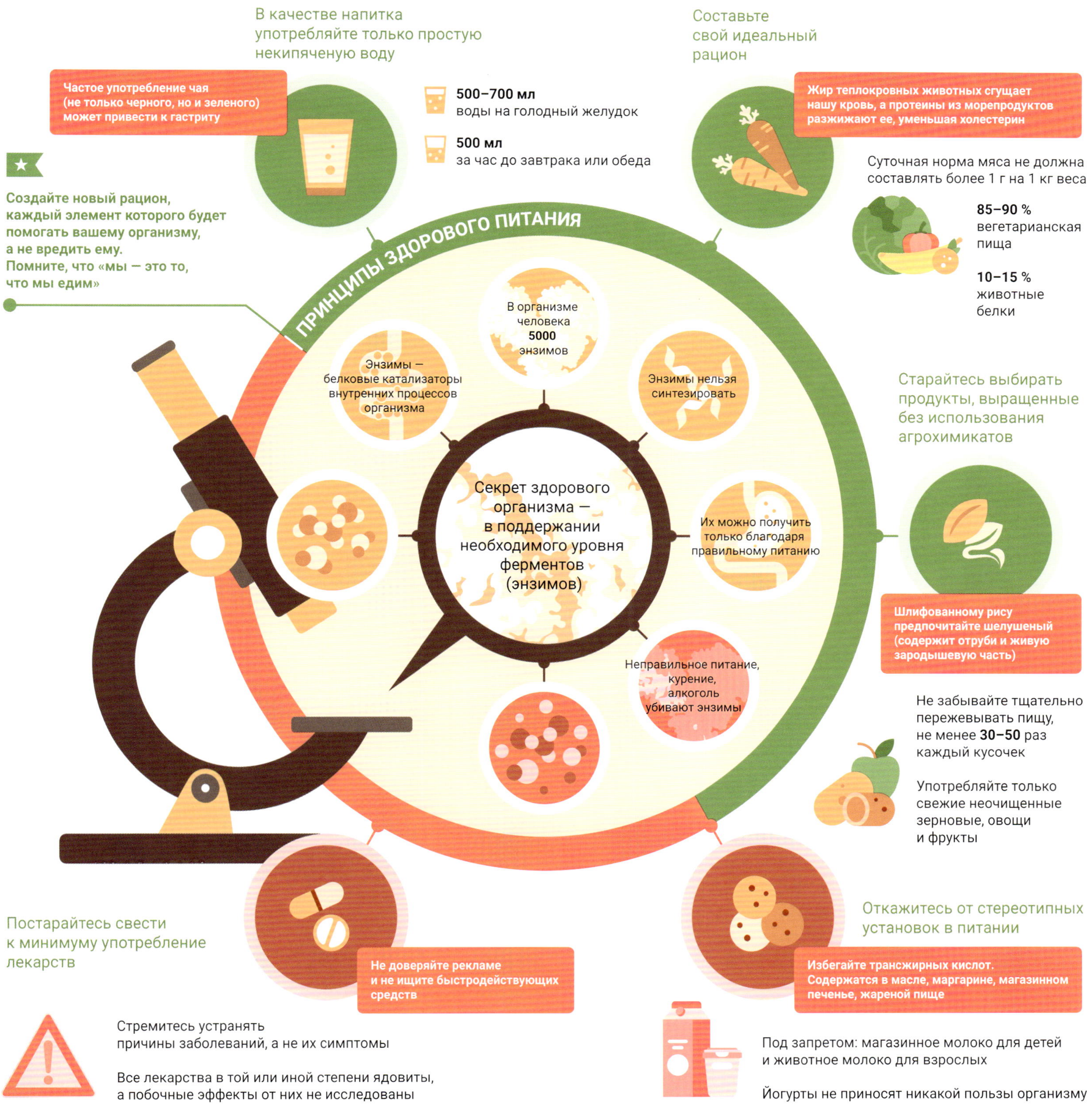

Китайское исследование
Колин Кэмпбелл, Томас Кэмпбелл

The China Study: The Most Comprehensive Study of Nutrition Ever Conducted and the Startling Implications for Diet, Weight Loss, and Long-term Health
Colin Campbell, Thomas Campbell

1. Любой продукт — это кладезь различных веществ и микроэлементов. Не стоит выстраивать «рейтинг полезности» каждой составляющей вашего рациона. Один и тот же продукт может быть как вредным, так и полезным в каждом конкретном случае.

2. Витаминные добавки скорее вредят, чем приносят здоровью пользу. Особенно опасно компенсировать пищевыми добавками недостаток витаминов и клетчатки при соблюдении белковой диеты.

3. Растительная пища содержит гораздо больше питательных веществ, чем животная. Среди них: антиоксиданты, клетчатка и минералы, в то время как животная пища богата холестерином, витаминами A, D и B12 (эти питательные вещества почти отсутствуют в растительной пище).

4. Отказываясь от животной пищи, внимательно следите за содержанием витаминов A, D и B12 — если вы редко бываете на солнце или более трех лет не употребляете пищу с животным белком, вам следует все-таки прибегнуть к витаминным добавкам.

5. Не переоценивайте силу наследственности: гены не начинают функционировать сами по себе. Питание во многом определяет, какие гены будут активизированы: «плохие» или «хорошие».

6. Питание помогает блокировать влияние вредных химических веществ. Преувеличены выводы, обвиняющие токсичные вещества и искусственные химикаты в развитии онкологии. Правильное питание с преобладанием растительной пищи может эффективно бороться с болезнью.

7. Рецепт питания для профилактики всех болезней один. Потребление животного белка, включая молочные продукты, яйца и рыбу, нужно строго контролировать.

8. Растительный белок не хуже животного может способствовать набору мышечной массы. Кроме того, сложные углеводы (поступающие из овощей, фруктов и зерновых) никогда не будут причиной лишнего веса.

9. Правильное питание позитивно отражается на физической активности, эмоциональном и умственном состоянии. Но обратное не работает. Как бы вы ни хотели компенсировать свое неправильное питание походами в фитнес-клуб, вам это не удастся.

10. Пищевая промышленность и фарма заинтересованы в том, чтобы вегетарианство считалось уделом маргиналов. Влиятельные лобби будут продвигать диету с высоким содержанием животного белка до тех пор, пока это будет приносить им прибыль

Китайское исследование

Колин Кэмпбелл, Томас Кэмпбелл

Доказана прямая связь между тем, сколько животного белка (мяса, молочных продуктов) мы едим, и нашим здоровьем.

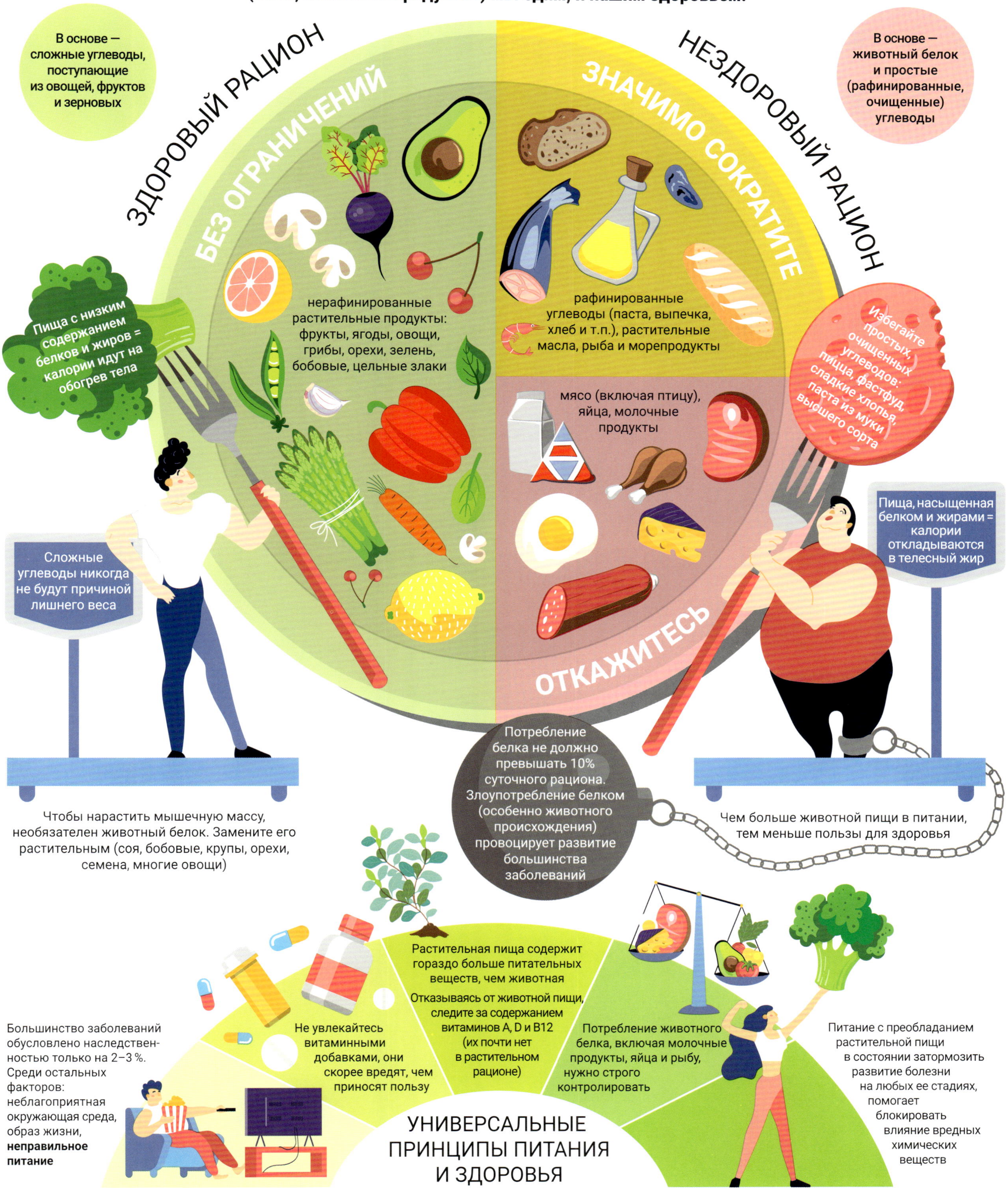

Самая важная вещь. Потрясающая простота, стоящая за сверхдостижениями
Гэри Келлер, Джей Папазан

The ONE Thing: The Surprisingly Simple Truth Behind Extraordinary Results
Gary Keller, Jay Papasan

1. Успешным людям удается сделать за тот же срок больше, чем другим, потому, что они находят свое ОДНО дело, выделяют для него время и старательно оберегают его.

2. Дела неравноценны с точки зрения их влияния на успех, и заниматься нужно только тем, что по-настоящему важно. Максимум того, чего вы хотите, — это результат минимума того, что вы делаете. Иногда для совершения прорыва достаточно совершить всего одно действие.

3. Начинайте день с важнейших дел: в это время ваша сила воли на максимуме. Отстаивайте свои границы и не позволяйте никому и ничему отвлечь вас в эти часы.

4. Не увлекайтесь тайм-менеджментом в его классическом понимании. Если вы просто записываете в список все, что вам приходит в голову, вы рискуете превратиться в раба текущих задач и делать то, что не так уж и важно, оставляя на потом то, что могло бы изменить вашу жизнь.

5. Научитесь использовать свое умение быть дисциплинированным для приобретения правильных привычек и навыков — это самый важный шаг на пути к успеху.

6. Помните, что вы — это то, что вы делаете регулярно. Достижение результатов не должно быть отдельным занятием — встройте его в свою жизнь, как привычку завтракать и чистить зубы.

7. Не требуйте от себя железной дисциплины во всем. Сфокусировавшись на важных задачах, позвольте себе больше свободы в других областях.

8. Не увлекайтесь работой в режиме многозадачности. Это верный путь к накоплению нерешенных проблем, ошибкам и жизни в состоянии хронического стресса.

9. Ставьте перед собой амбициозные, но конкретные цели. Мыслите масштабно, но точно.

10. Бойтесь упорной, но напрасной работы. Бойтесь жизни, не наполненной смыслом. Только преодолев страх перед большими целями и научившись фокусироваться на том, что по-настоящему важно, вы полностью раскроете свой потенциал.

Самая важная вещь

Гэри Келлер, Джей Папазан

Способность правильно установить фокус поможет вам вырваться из замкнутого круга дел, которые никогда не кончаются.

ПЛАН НА ПУТИ К УСПЕХУ

Выделите блок свободного времени

Начните с того, чтобы позаботиться об отдыхе: планируйте выходные и отпуск

Выделите время для ОДНОГО дела

Посвящайте минимум 4 часа в день тому, что по-настоящему важно. Ищите ОДНО действие, которое запустит цепную реакцию и приведет к цели

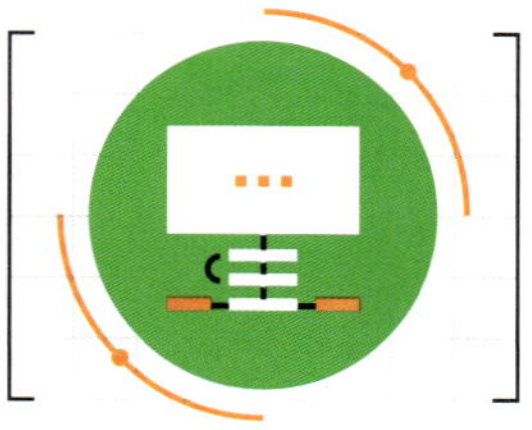

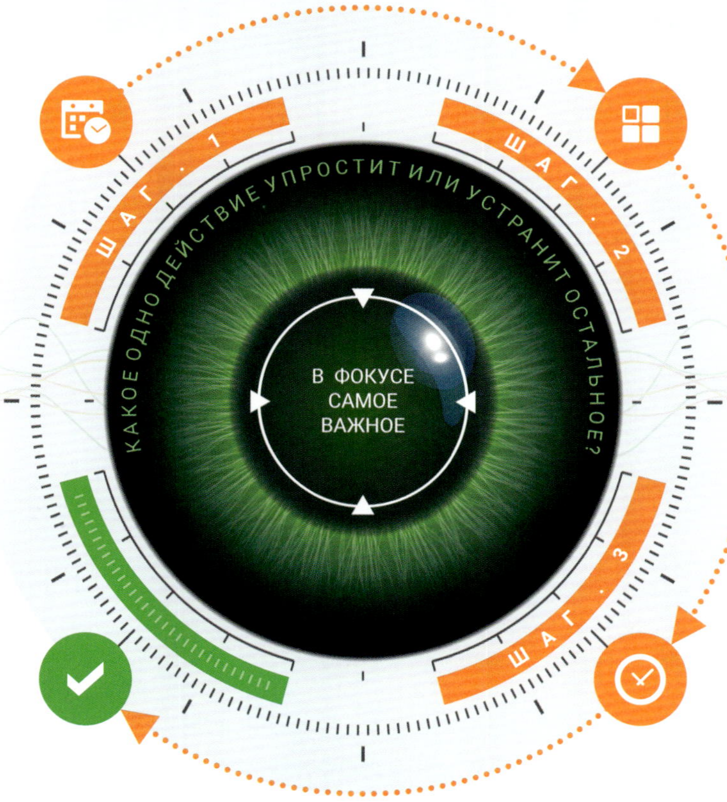

Фокусируйтесь на чем-то одном — глобально и в каждый отрезок времени, — и вы добьетесь выдающихся результатов!

Занимайтесь только тем, что по-настоящему важно

Максимум того, чего вы хотите, — это результат минимума того, что вы делаете

Защищайте свое рабочее время

Сообщите окружению, чем вы заняты и когда освободитесь. Найдите «бункер», не позволяйте никому и ничему отвлечь вас. Берегитесь ловушек: звонков, почты, соцсетей

5 МИФОВ О ПРОДУКТИВНОСТИ

Достижения и изобилие приходят к тем, кто не ограничивает себя искусственными рамками и умеет мыслить большими категориями

Упорный труд

Бойтесь упорной, но напрасной работы. Ставьте перед собой амбициозные, но конкретные цели. Мечтайте и мыслите масштабно

Многозадачность

Режим многозадачности ведет к накоплению нерешенных проблем, ошибок, хроническому стрессу

Дисциплина

Будьте дисциплинированны: это нужно для решения важных задач, приобретения навыков и привычек. Для остального — больше свободы

Сила воли

Начинайте день с самых важных дел: утром ваша сила воли на максимуме

Список дел

Не становитесь рабом текущих задач: планируйте день в соответствии с приоритетами

Метод PRIMER. Единственное руководство по достижению целей, которое вам понадобится!
Деймон Захариадис

The P.R.I.M.E.R. Goal Setting Method: The Only Goal Achievement Guide You'll Ever Need!
Damon Zahariades

1. Три главных вопроса для достижения цели: «Чего я хочу?», «Как этого достичь?» и «Зачем мне это?». Самый важный вопрос — третий.

2. Цели должны быть максимально конкретны. Какова ваша цель в рублях, часах, порциях?

3. Дедлайны — ваши главные помощники на пути к цели. Пусть тиканье часов не страшит, а поторапливает!

4. Не устанавливайте планку слишком высоко, но и не принижайте ее: будьте реалистом, соизмеряйте амбиции и способности.

5. Записывайте всю хронику достижения цели. Дело не только в том, что память может подвести: цифры перед глазами мотивируют куда лучше.

6. Будьте внимательны к своему окружению: критикам и скептикам в нем не место.

7. Путь к цели соткан из множества привычек: пусть они работают на вас.

8. Убедитесь в подлинности своих желаний: только из подлинных стремлений получаются достижимые цели. Если вы чего-то хотите, но не делаете, значит, на самом деле это вам не нужно.

9. Не жалейте целей, которые сняты с повестки: так вы освобождаете время и силы для более актуальных дел.

10. Неудача в достижении цели — всего лишь информация к размышлению и повод скорректировать план.

Метод PRIMER

Деймон Захариадис

Следуя алгоритму PRIMER, вы научитесь правильно ставить цели, составлять четкий план действий, обращать трудности себе на пользу, доводить желаемое до победного конца.

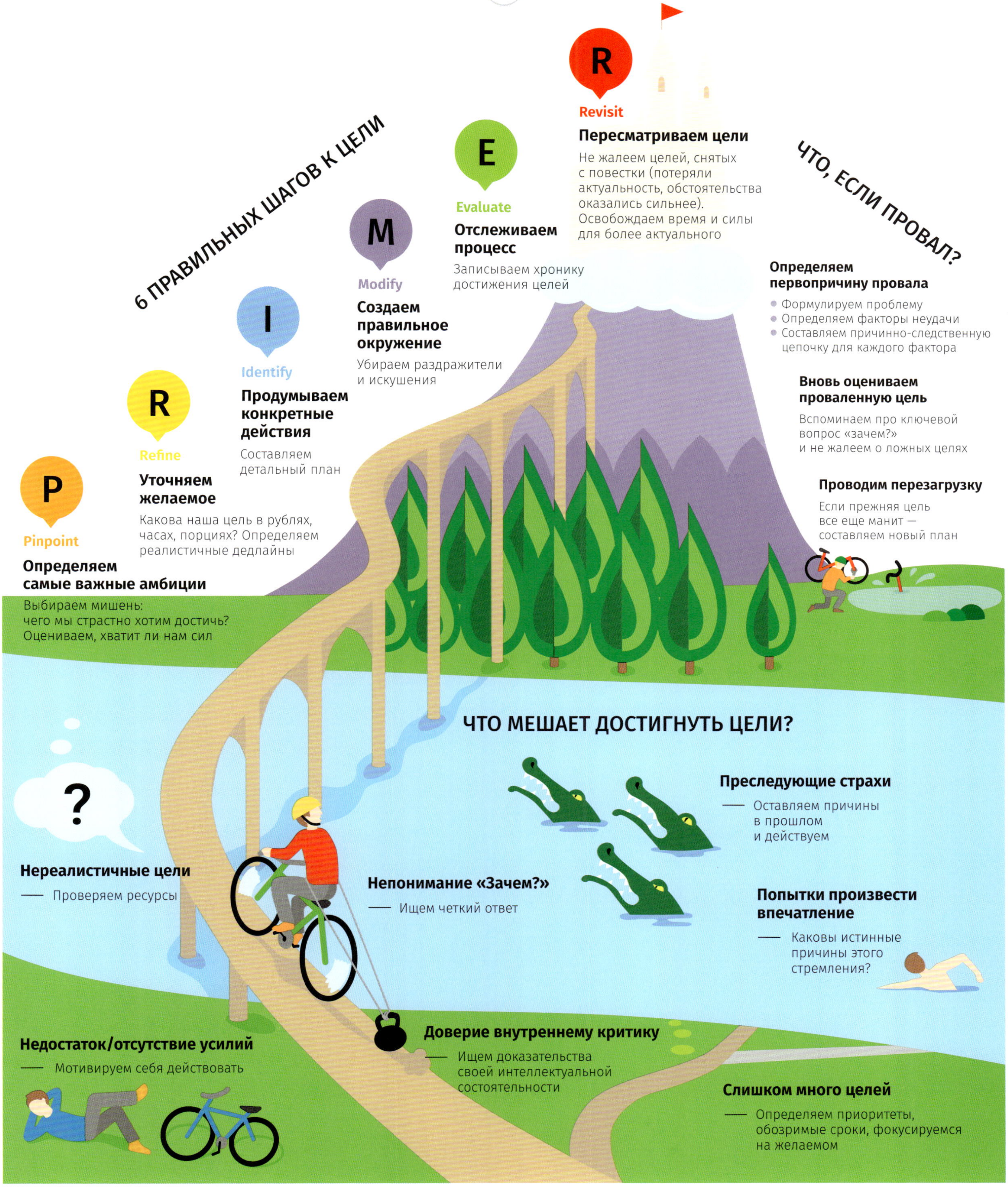

Твой лучший год. 12 невероятных месяцев, которые изменят вашу жизнь
Майкл Хайятт

Your Best Year Ever: A 5-Step Plan for Achieving Your Most Important Goals
Michael Hyatt

1. Лучший год вашей жизни — это год движения к важнейшим целям. Год, когда вы закроете разрыв между тем, как всегда мечтали жить, и тем, как живете на самом деле.

2. Ваши представления о мире, людях и о самом себе формируют вашу реальность. Проведите ревизию и избавьтесь от всех убеждений, которые мешают вам двигаться к мечте.

3. Прошлое — источник мудрости. Чтобы сделать его вашим союзником, проанализируйте полученный опыт, сделайте выводы и измените свое поведение.

4. Ваши сожаления — это указатели. Они сильнее всего, когда вы готовы действовать и исправлять ошибки. А еще они подскажут, какой выбор делать в будущем.

5. Благодарность возникает там, где явно виден контраст между «было» и «стало». Она делает вас сильнее. Будьте благодарными за то, что имеете, и за помощь, которая вам была оказана.

6. Ставьте высокие цели — это повышает продуктивность. Не бойтесь рисковать. Все важное в жизни происходит за пределами зоны комфорта.

7. Цели могут касаться одноразовых достижений или постоянных привычек. Создайте свой уникальный набор тех и других, ориентируясь на свой характер и суть будущих достижений.

8. Записывайте цели! Убедитесь, что каждая из них конкретна, измерима, записана в активной форме, немного рискованна, привязана ко времени, вдохновляет вас и действительно для вас важна.

9. Мотивация — это топливо для вашего движения к целям. Подпитывайтесь, в деталях представляя себе успех. И не забывайте отдыхать, чтобы подзарядить батарейки.

10. Делайте шаг за шагом, не увязая в планировании и стремлении сделать все идеально. Не давайте страху одолеть вас. Действуйте!

Твой лучший год

Майкл Хайятт

Лучший год вашей жизни — это год движения к важнейшим целям. Устраните разрыв между мечтой и реальностью.

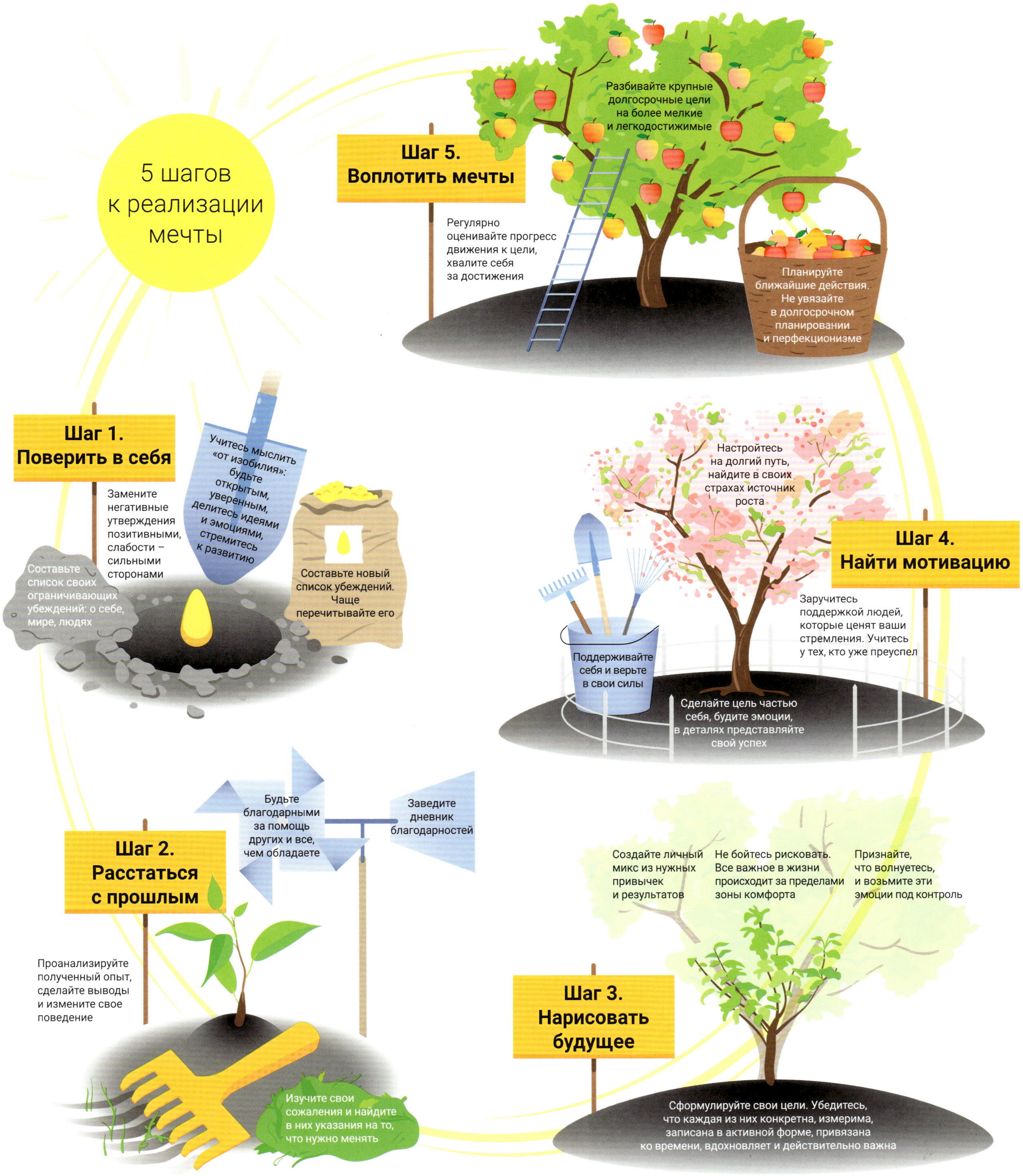

Цель! Как получить все, что хочешь, быстрее, чем ты думал
Брайан Трейси

Goals!: How to Get Everything You Want — Faster Than You Ever Thought Possible
Brian Tracy

1. Успешные люди знают, чего хотят, и действуют согласно плану. Неудачники, напротив, сосредоточены на проблемах и не могут определить, что им нужно.

2. Каждый человек обладает способностью автоматического поиска цели: стоит четко ее представить, и вы начинаете двигаться ей навстречу, а она навстречу вам.

3. Внутренний потенциал человека неисчерпаем, но мы используем его лишь на 2%.

4. Мы не движемся вперед и не достигаем целей не из-за внешних факторов, а из-за собственных отрицательных эмоций — злости, зависти, ревности, страха.

5. Даже если вы работаете по найму, относитесь к делу так, будто вы глава собственной компании.

6. Чтобы избавиться от ограничивающих убеждений, полезно размышлять о будущем, представляя свою жизнь через год, пять, десять лет.

7. Ценности — это ядро личности. Они делают нас теми, кто мы есть. Осознав свои ценности, вы станете эффективнее во всех сферах жизни, и ваши шансы на успех возрастут.

8. Цели должны быть ясными, конкретными, ограниченными во времени, измеримыми. Над ними нужно работать ежедневно.

9. Люди не достигают целей, потому что придумывают слишком сложные способы их достижения.

10. Планирование превращает цель в четко оформленную программу последовательных регламентированных действий.

Цель! Как получить все, что хочешь, быстрее, чем ты думал

Брайан Трейси

Достичь успеха несложно. Сформулируйте свои цели, составьте план их достижения и следуйте ему день за днем.

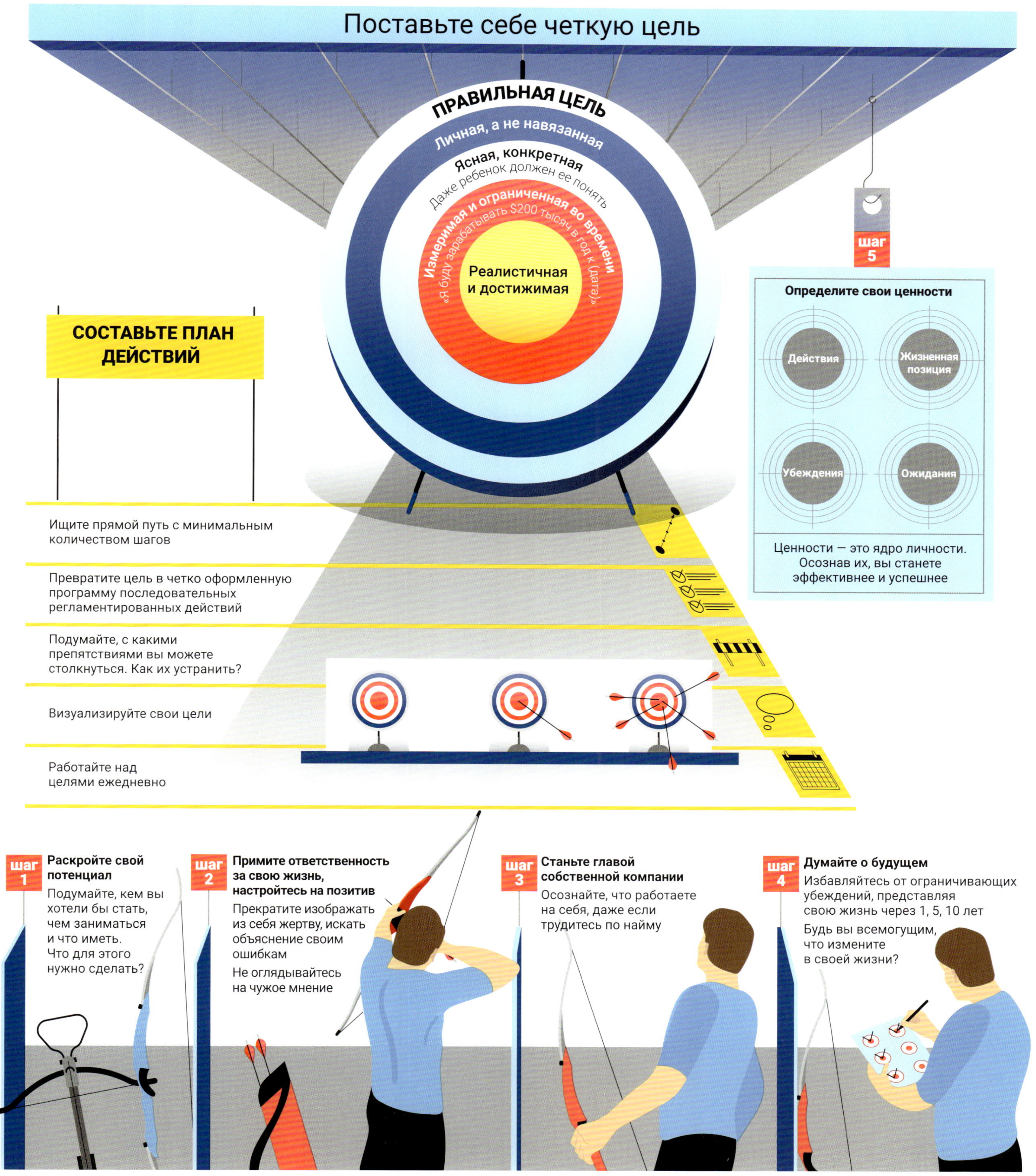

Цели по HARD. Как прийти туда, куда вы хотите
Марк Мерфи

Hard Goals: The Secret to Getting from Where You Are to Where You Want to Be
Mark Murphy

1. Если правильно сформулировать достойную цель, появится мотивация и дисциплина для ее достижения.

2. Люди, которые ставят правильные цели и достигают их, чувствуют себя намного более реализованными и счастливыми, чем те, кто ставит слабые цели и не стремится к успеху.

3. Умение ставить трудные цели и достигать результата заложено в человеке природой, но с возрастом многие из нас утрачивают эту способность.

4. Цель, которая приводит к выдающимся достижениям, всегда искренняя, живая, необходимая и сложная.

5. Искренняя цель — это ваша собственная цель, а не та, которая навязана вам родителями, начальником или кем-то еще.

6. Сформировать искреннюю цель можно тремя способами: формируя привязанность к самой цели; к человеку, для которого она важна; к результату.

7. Отсутствие визуальной стимуляции — слабое место любой цели. Стоит нарисовать ее во всех возможных подробностях.

8. Чтобы сохранить фокус на необходимости достижения цели, важно перефразировать преимущества так, чтобы они звучали более привлекательно.

9. На пути к важной цели всегда приходится прилагать значительные усилия, получать необходимые знания, осваивать новые навыки, преодолевать сомнения, справляться с напряжением и страхами.

10. Даже если мы не получаем максимального результата, работа над трудной целью делает нас лучше и многограннее.

Цели по HARD

Марк Мерфи

Цель, которая приводит к выдающимся достижениям, всегда искренняя, живая, необходимая и сложная.

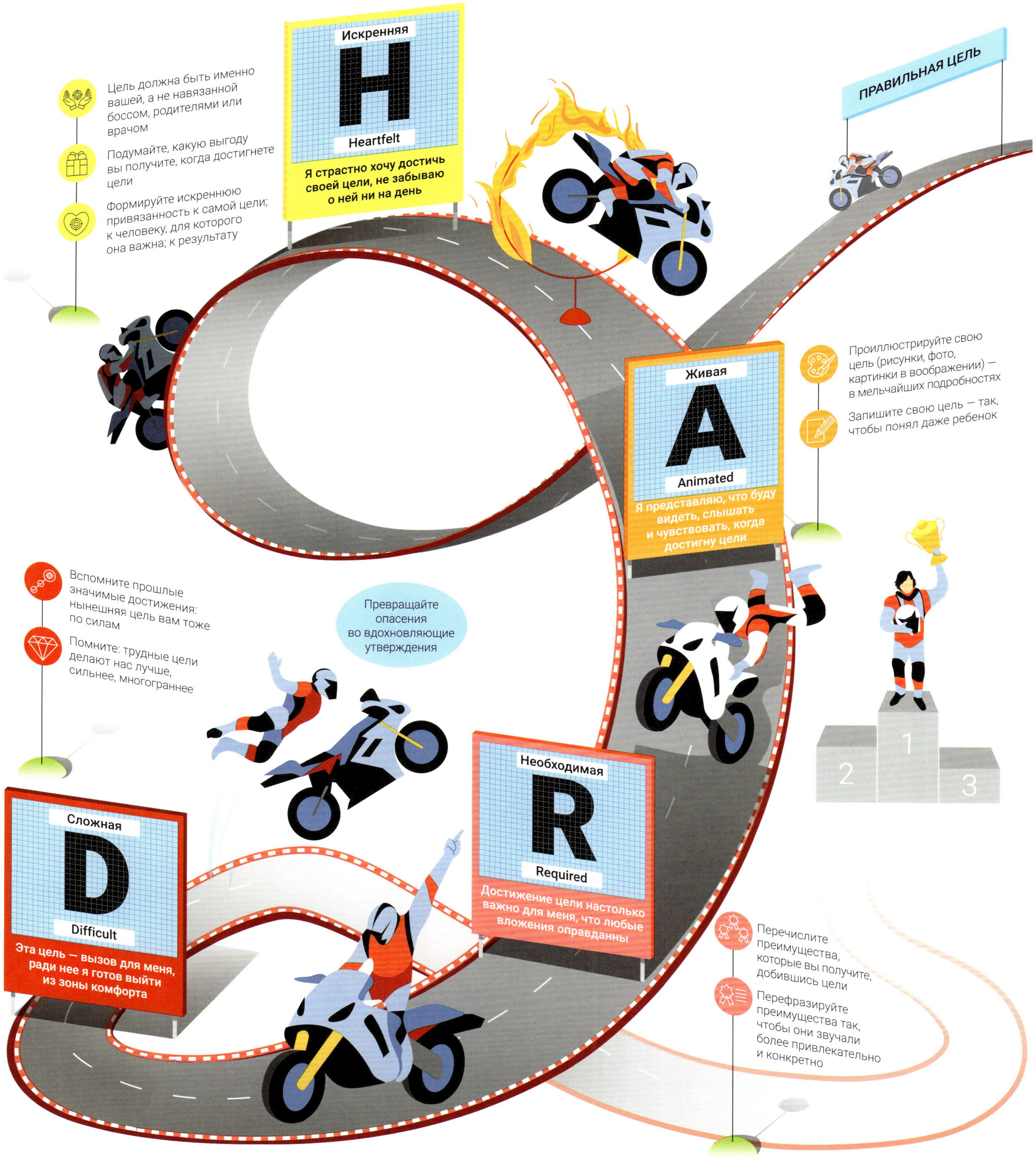

Магия утра. Как первый час утра определяет ваш успех
Хэл Элрод

The Miracle Morning: The Not-So-Obvious Secret Guaranteed to Transform Your Life (Before 8AM)
Hal Elrod

1. Чтобы изменить свою жизнь, нужно измениться самому. То, что нас окружает, — результат нашего внутреннего состояния, поэтому для начала стоит заглянуть в себя и понять, почему наша жизнь далека от идеальной.

2. Наша жизнь не изменится, если мы не начнем действовать прямо сейчас. И самое лучшее время начать менять свою жизнь — это утро.

3. Многие из нас просыпаются утром только потому, что им необходимо что-то сделать. Поэтому первое, что нужно сделать, — увеличить уровень мотивации к пробуждению.

4. Чтобы легче просыпаться, сделайте следующее: определите свои намерения перед сном, поставьте будильник в дальнем конце комнаты, а проснувшись — выпейте стакан воды, почистите зубы и переоденьтесь в спортивную одежду.

5. Обычно наше утро начинается сумбурно и торопливо. Проведите пять минут в осознанной тишине, помедитируйте, подышите и сосредоточьтесь на чувстве благодарности.

6. Создайте собственную утреннюю аффирмацию. Чего вы хотите на самом деле? Почему? Каким вы должны быть для этого? Сформулируйте позитивное утверждение и потратьте пять минут на его повторение.

7. Визуализация — еще одно пятиминутное занятие, которое зарядит вас мотивацией. Визуализируйте свои самые смелые мечты и желания, стараясь представить их как можно ярче и подробнее. Затем представьте себе, что вы их достигаете и как это происходит. Почувствуйте счастье и удовлетворение оттого, что вы достигли цели.

8. Даже несколько минут физических упражнений по утрам способны значительно повысить уровень вашей энергии, улучшить здоровье и эмоциональное состояние. 20 минут йоги каждое утро — то, что нужно.

9. Чтение примерно 5–10 страниц по утрам займет у вас не более 15–20 минут, но поможет стать более уверенным в себе и эффективнее распоряжаться полученными знаниями.

10. Если вам не хватает времени на полноценное «Волшебное утро», вы можете сократить время практик до 6 минут. Первую минуту просто проведите в тишине и без спешки. Затем проговорите самую важную аффирмацию. Представьте свою достигнутую цель или идеальный день. Запишите пару мыслей, прочитайте страницу хорошей книги. Встаньте и активно подвигайтесь хотя бы 60 секунд.

Магия утра

Хэл Элрод

Час утра — самый важный период дня, который формирует ваши продуктивность, успех, здоровье, счастье.

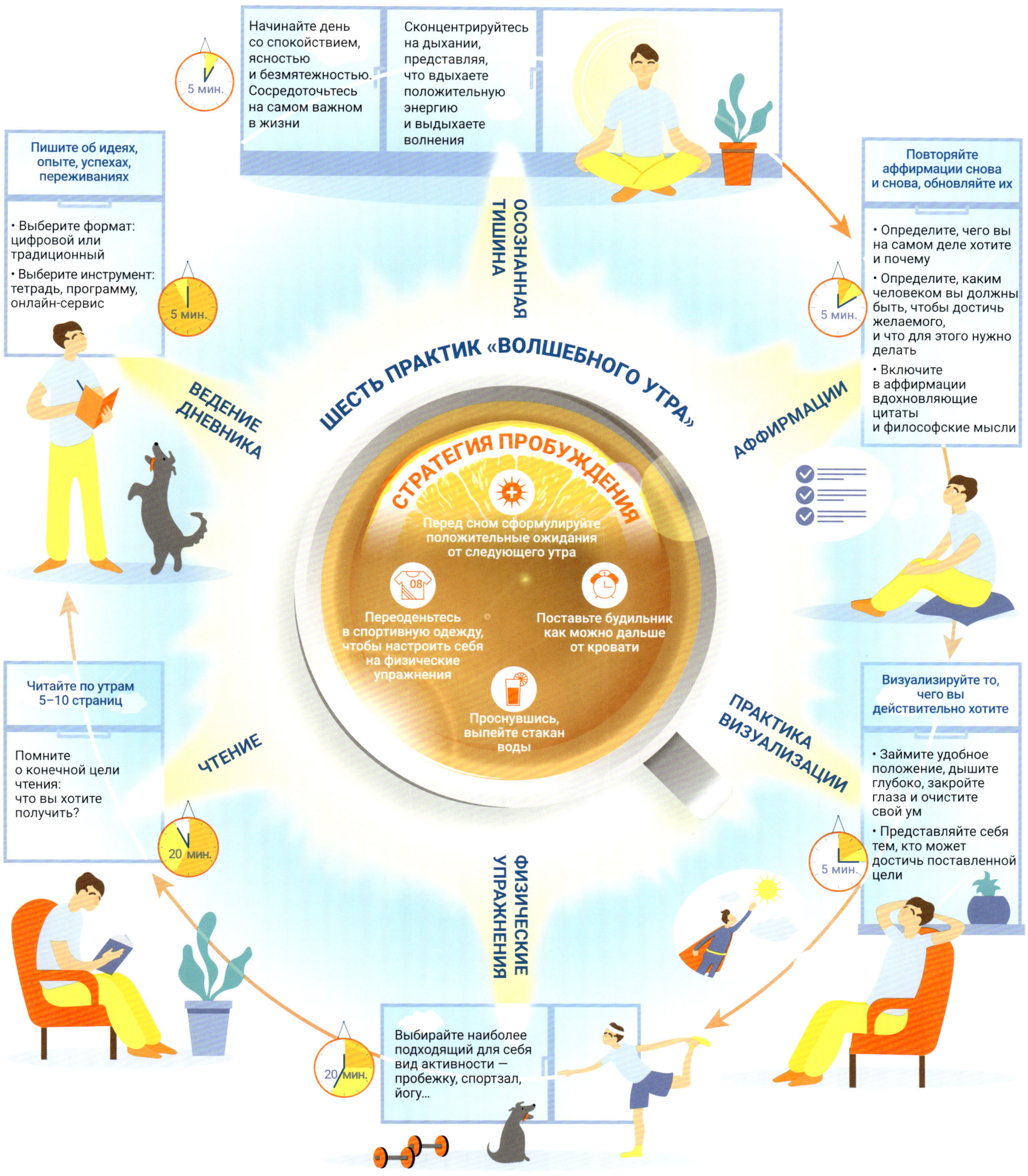

Формула списка дел. Как без стресса создавать списки задач, которые работают
Деймон Захариадис

To-Do List Formula: A Stress-Free Guide To Creating To-Do Lists That Work!
Damon Zahariades

1. Продуктивность — это способность делать больше важных дел за меньшее время.

2. Списки дел помогают организовать все задачи и ни о чем не забыть, снизить стресс и повысить продуктивность.

3. В правильно составленном списке дел каждая задача имеет описание: содержание, сроки, важность, необходимые ресурсы.

4. Каждая задача должна быть связана с какой-либо важной целью — это повышает мотивацию и шансы на то, что дело будет сделано.

5. Формулируйте задачи для списка, используя активные глаголы, — это побуждает к действию.

6. В списке на каждый день должно быть не более семи дел, на которые нужно минимум 15 минут. Более мелкие дела и более крупные проекты нужно вносить в другие списки.

7. Группируйте задачи по темам, типу активности, месту исполнения. Чтобы справиться с масштабной задачей, разделите ее на задачи помельче и решайте их последовательно.

8. Ведите список основных дел, списки задач с их описаниями и список дел на день. Планируйте с вечера, глядя в свой календарь: вставляйте во временные слоты крупные задачи или группы мелких задач.

9. Пересматривайте и корректируйте списки: основной — раз в месяц, подробные списки задач — раз в неделю.

10. Секрет успеха в составлении списков дел — взаимосвязанность списков разного масштаба и последовательность применения методики.

Формула списка дел

Деймон Захариадис

Списки дел помогают организовать все задачи и ни о чем не забыть, снизить стресс и повысить продуктивность.

50% дел выполняются в течение 1 дня

10% дел выполняются в течение минуты

18% дел выполняются в течение часа

41% дел из списков никогда не выполняются

Как создать идеальный список задач

Шаг 1

Создайте три списка задач

«Текущие задачи»
На них вы будете тратить свое время каждый день

«Будущие задачи»
Вы будете просматривать их в конце дня, чтобы создать список дел на завтра

«Мелкие дела»
список для задач, требующих до 15 минут

Планируйте с вечера: вставляйте во временные слоты крупные задачи или группы мелких задач

Шаг 2

Определите, к какому результату приведет вас выполнение каждой задачи

Каждая задача должна быть связана с какой-либо важной целью

Шаг 3

Разбейте проекты на отдельные задачи

Фокусируйтесь на задачах в соответствии с их срочностью и важностью

Шаг 4

Определите сроки для каждой задачи: реалистичные, обоснованные, сжатые, при необходимости – гибкие

Шаг 5

Сократите список текущих задач до семи

Мелкие дела (до 15 мин) и крупные проекты вносите в другие списки

Каждая задача должна иметь описание:

- содержание
- важность
- необходимые ресурсы

Шаг 6

Группируйте задачи

Темы

Тип активности

Место исполнения

Пишите разными цветами или используйте онлайн-инструменты

Шаг 7

Вычеркните ненужное

Расплывчатые желания и разрозненные задачи соберите в проект с понятным результатом

Лозунги и крупные задачи разбейте на задачи-этапы со сроками

Шаг 8

Оцените, сколько времени нужно на выполнение каждой задачи

Какие ресурсы (инструменты, информацию, людей) нужно привлечь?

Шаг 9

Формулируйте каждую задачу с активного глагола

Вместо задачи «химчистка» и «отчет» – «отвезти вещи в химчистку», «подготовить отчет»

Шаг 10

Определите, где вам нужна помощь

Указывайте, что именно (расчеты, отчет, звонок) и когда вы ожидаете получить

14:00

19:00

Как работать по 4 часа в неделю и при этом не торчать в офисе «от звонка до звонка», жить где угодно и богатеть
Тимоти Феррис

The 4-Hour Workweek: Escape 9–5, Live Anywhere and Join the New Rich
Timothy Ferriss

1. Освобождение начинается изнутри. Жить как миллионер можно и без миллионов. Истинное богатство — возможность выбирать, где жить, когда и куда идти, чем заниматься.

2. Вопрос «Чего я хочу?» — слишком общий. Ни один человек не знает в точности, чего он хочет. Нужна конкретная цель и не «счастье», а увлечение. Чем вы по-настоящему хотите заняться и чего достичь в этом деле?

3. Определите свои желания: цели должны быть нереальными, а шаги — конкретными. Решите, чем будете заниматься: «жить как миллионер» — значит жить интересно, а не владеть престижными вещами.

4. Основное препятствие для новой жизни — страх. Чтобы победить страх, нужно просчитать «самое плохое» и убедиться, что реальность еще хуже.

5. Отправьтесь в большое путешествие, возьмите с собой детей. Это совсем не так дорого, как кажется. Не бойтесь потерять работу навсегда, возможно, по возвращении вам захочется чего-то совсем другого. Путешествие — это полная перезагрузка.

6. Скажите себе: смысл жизни в радости. Найдите то занятие, которое даст вам довольство собой: путешествия, волонтерство, творчество. Общая формула радости: учение и служение.

7. Эффективность — умение экономно действовать так, чтобы максимально приблизиться к цели. Рациональность — выполнение поставленной задачи самым экономным способом. Выполнение пустяковой задачи может быть рациональным, но никогда не будет эффективным.

8. Избегайте типичных ошибок. Не возвращайтесь, убоявшись пустоты, к работе ради работы. Не смешивайте работу и жизнь, разделите их в пространстве и времени.

9. Полностью соблюдайте принцип 80/20 и проводите регулярные чистки. Не стремитесь к совершенству, не убивайте годы, чтобы освоить на 100% то, что вы на 95% освоили за несколько месяцев.

10. Живите среди людей. Любите людей, дарите радость, ищите позитивные впечатления. Будьте свободны и счастливы. Не откладывайте жизнь на завтра.

Как работать по 4 часа в неделю

Тимоти Феррис

Жить как миллионер можно и без миллионов. Истинное богатство — возможность выбирать, где жить, когда и куда идти, чем заниматься.

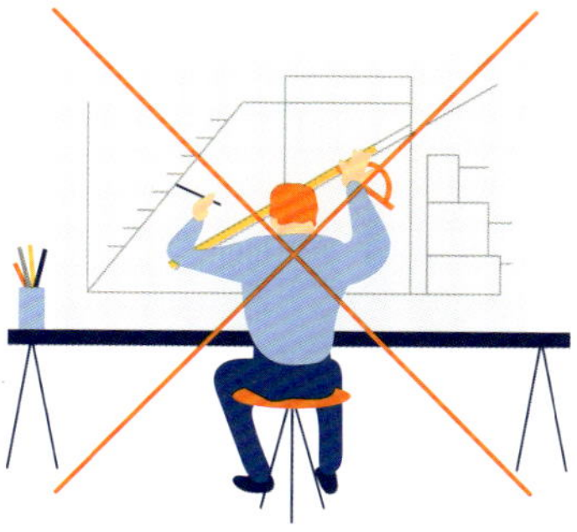

ПРАВИЛА «НОВЫХ БОГАТЫХ»

Не откладывайте жизнь на завтра. Любите людей, дарите радость, ищите позитивные впечатления

Определите свои сильные стороны и развивайте их, не беспокоясь о слабых

Не стремитесь к совершенству, убивая годы, чтобы освоить на 100 % то, что вы на 95 % освоили за несколько месяцев

Хороший стресс полезен

Риск, физическая нагрузка, погоня за целью, конструктивная критика — все это стресс, возвращающий полноту жизни

ОПРЕДЕЛИТЕ СВОИ ЖЕЛАНИЯ

Сделайте первый шаг навстречу мечте

Справиться с нереальной задачей проще, чем с реальной. За простую задачу берутся многие, а у вас нет конкурентов

Во что вам обходится отказ от своей мечты?

Финансовые и эмоциональные издержки, ущерб для здоровья и качества жизни

Цели должны быть нереальными, шаги — конкретными

Решите, чем будете заниматься: «жить как миллионер» — значит жить интересно, а не владеть престижными вещами

Просчитайте наихудшие последствия

Продумайте шаги для минимизации ущерба, если решитесь осуществить свои желания прямо сейчас

Выделите главное

Подумайте, кем вы хотите стать, — и поймете, чему нужно научиться, чем заниматься и чего достичь

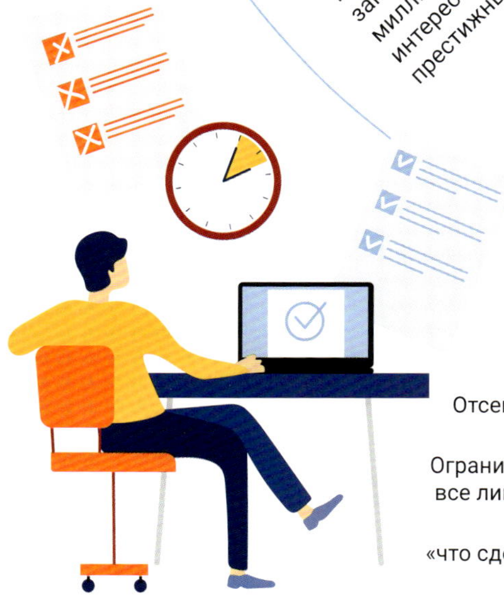

Работайте меньше, но эффективнее (не самопожертвование, а продуктивность)

- Отсеките маловажные задачи (закон Парето)
- Ограничьте время, чтобы отсечь все лишнее (закон Паркинсона)
- Составляйте списки: «что сделать» и «чего не делать»

Похитители времени:

- Собрания и прочие ненужные формальности
- Рутинные задачи вроде чтения писем, отчетов
- Бюрократия (запрашивать на все разрешение или давать указания)

Зачем мы спим. Новая наука о сне и сновидениях
Мэттью Уолкер

Why We Sleep: Unlocking the Power of Sleep and Dreams
Matthew Walker

1. Сон — самое эффективное лекарство в арсенале человека, которое помогает бороться с существующими заболеваниями и предотвращает развитие новых.

2. Сон помогает мозгу учиться, запоминать новую информацию и избавляться от лишнего, делать логические выводы и осознанный выбор, строить здоровые социальные отношения и заниматься творчеством.

3. В основе сна лежат два механизма: внутренние суточные часы, задающие циркадный ритм, и аденозин, накапливающийся в мозге и вызывающий неодолимое желание спать. Искусственный сбой настроек обеих систем приводит к нарушению режима сна и проблемам со здоровьем.

4. Человеческий хронотип — жаворонок или сова — определяется в большей степени генетически, и заставлять разных людей жить по одному и тому же распорядку дня в корне несправедливо.

5. Есть две фазы сна: медленный глубокий сон ранней ночью и быстрый сон ранним утром. Медленный сон отвечает за фильтрацию поступившей информации и перенесение данных из краткосрочного в долгосрочное хранилище мозга. Быстрый сон помогает мозгу связывать фрагменты информации и строить сложные ассоциативные цепочки.

6. Сновидения приходятся на фазу быстрого сна и помогают: а) пережить эмоциональный опыт прошедшего дня и отфильтровать факты от чувственных впечатлений; б) пробудить креативность за счет вплетения новых событий в общую картину мира, создания абстрактных концепций и абстрактного знания.

7. Для поддержания здорового функционирования всех систем человеку необходимо как минимум 8–9 часов сна — качественного и непрерывного.

8. Хроническое недосыпание сопряжено с множеством негативных последствий. Оно ведет к снижению концентрации, неспособности контролировать свои эмоции, развитию болезни Альцгеймера и сердечно-сосудистых заболеваний, повышает риск развития рака, ведет к набору веса, диабету и проблемам с репродуктивной системой.

9. Ключевые факторы, негативно влияющие на количество и качество сна: искусственный свет (электрический и идущий от экранов электронных девайсов); повышенный температурный режим в спальне; обилие кофеина; любой алкоголь, принимаемый на ночь и даже в течение дня; неадекватный рабочий график.

10. Главное правило здорового сна — придерживаться режима. Каждый день, включая выходные, вставать в одно и то же время. Желательно без будильника, но если без него никак, то ни в коем случае не пользоваться функцией отложенного сигнала.

Зачем мы спим

Мэттью Уолкер

Сон — самое эффективное лекарство в арсенале человека, которое помогает бороться с существующими заболеваниями и предотвращает развитие новых.

Какой у вас хронотип?

Жаворонок — 40% людей
пик бодрствования – раннее утро

Сова — 30%
любит спать до полудня

Голубь — 30%
промежуточный хронотип

СОН ПОМОГАЕТ МОЗГУ:
учиться, запоминать информацию и избавляться от воспоминаний, делать логические выводы и осознанный выбор

В ОСНОВЕ СНА ЛЕЖАТ ДВА МЕХАНИЗМА: внутренние суточные часы, задающие **циркадный ритм**, и **аденозин**, накапливающийся в мозге и вызывающий неодолимое желание спать

Циркадный ритм повторяется каждые 24 часа, независимо от того, спите вы или нет

Аденозин, не ликвидированный за ночь, останется в организме и продолжит накапливаться

8–9 ЧАСОВ
качественного и непрерывного сна каждую ночь — необходимы!

Недостаток сна в будние дни **невозможно** компенсировать в выходные

10 ночей сна по 7 часов навредят так же, как целые сутки бодрствования

1 ночь 4-часового сна уничтожает 70 % киллерных клеток в иммунной системе

ФАЗЫ СНА

В течение ночи мозг каждые **90** минут переключается между двумя фазами сна

Медленный сон
«перезарядка» мозга, структурирование памяти

Если вы спите по **6** часов или меньше, вы не позволяете своему мозгу восстановить способность к обучению

Быстрый сон
обработка полученной за день информации, формирование воспоминаний, закрепление навыков

ПОСЛЕДСТВИЯ ХРОНИЧЕСКОГО НЕДОСЫПАНИЯ

- снижение концентрации
- неспособность контролировать эмоции
- риск развития болезни Альцгеймера, сердечно-сосудистых заболеваний, онкологии
- набор веса, диабет
- проблемы с репродуктивной системой

ПРАВИЛА ЗДОРОВОГО СНА

Не злоупотребляйте кофеином и никотином
Они оказывают возбуждающее действие

Не употребляйте алкоголь перед сном
Он отнимает быстрый сон со сновидениями и делает сон менее глубоким

Старайтесь не слишком плотно есть на ночь
Плотный ужин может нарушить пищеварение, что помешает нормальному сну, а обилие жидкости заставит часто просыпаться

Ложитесь спать и вставайте каждый день в одно время
Не можете обойтись без будильника? Вставайте с первым его сигналом!

Не занимайтесь активными физическими нагрузками
за два-три часа до сна

Следите за тем, какие лекарства вы принимаете, и всегда советуйтесь с врачом
Многие препараты, в том числе растительные, могут вызывать бессонницу

Не ложитесь вздремнуть после 15.00
Так вам будет сложнее уснуть вечером

Перед сном постарайтесь расслабиться
Почитайте, послушайте музыку или найдите свой ритуал, который поможет успокоиться после напряженного дня

В спальне поддерживайте темноту и прохладу
Не приносите туда гаджеты и старайтесь не пользоваться ими перед сном

Персональный канбан. Карта работы/Навигатор по жизни
Джим Бенсон, Тониан Де Мариа Бэрри

Personal Kanban: Mapping Work | Navigating Life
Jim Benson, Tonianne DeMaria Barry

1. Персональный канбан — это динамичная, интерактивная «карта» вашей личной занятости. Она позволяет видеть, что вас ожидает впереди (ваши цели, новые задания), где вы находитесь сейчас (чем вы заняты в данный момент) и где вы были раньше (что вы уже проделали).

2. Когда мы занимаемся параллельно несколькими вопросами, наш мозг пытается обрабатывать одновременно несколько потоков информации, что приводит к умственной перегрузке.

3. Когда мы видим «карту» нашей работы, у нас появляется ясность, которая позволяет находить лучшие варианты действий.

4. Визуализируйте свою работу. Тогда у вас появится более ясное представление об объеме работы, «физическая» запись того, на что уходит ваше время. Вы обретете контроль над своей нагрузкой и сможете принимать более разумные решения.

5. Ограничивайте количество незавершенной работы. Это позволит вам сосредоточиться на том, что вы делаете, работать быстро и вдумчиво, спокойно реагировать на внешние воздействия.

6. Самый простой вариант увидеть течение вашей работы — это разделение работы на ту, которую вы готовы начать (колонка «начало»), ту, которую вы уже делаете (колонка «в работе»), и ту, которую вы завершили (колонка «сделано»).

7. Используйте для ведения персонального канбана любые удобные средства: компьютер, магнитную доску, клейкие листочки. Переносите задачи из одной колонки в другую и наблюдайте за процессом.

8. Отведите место в вашем персональном канбане для дел, которые приводят вас в хорошее настроение, и для дел, которые вас раздражают. Делайте небольшие заметки о том, почему одно занятие вызвало положительные эмоции, а другое — отрицательные.

9. Создайте в своем персональном канбане колонку «ретроспектива» и перемещайте туда листочки из колонки «сделано» со своими заметками о том, что прошло хорошо, а где можно было бы поработать лучше.

10. Персональный канбан содействует прояснению наших целей. Если нет ясности, нас охватывает страх. Визуализация позволяет развеять страх, трансформировать его в понятные задачи и сфокусироваться на действиях по их разрешению.

Персональный канбан

Джим Бенсон, Тониан Де Мариа Бэрри

Персональный канбан – это простая и действенная система регулирования своей занятости и управления личным временем.

ЗОЛОТЫЕ ПРАВИЛА КАНБАН

1. Визуализируйте свою работу. Тогда у вас появится ясное представление о ее объеме
2. Ограничивайте количество незавершенной работы. Это позволит сосредоточиться, спокойно реагировать на внешние воздействия
3. Не занимайтесь более чем 2–3 делами одновременно, определяйте приоритеты
4. Измеряйте скорость работы – среднее время выполнения задачи. Это позволит точнее планировать загрузку
5. Анализируйте поток работы: какие задания получаются лучше и почему

Очередь → Буфер → Сегодня → Сейчас → Сделано

Очередь

Любая задача должна сначала попадать в эту колонку

Заносите сюда все, что необходимо сделать

Буфер

Решите, какие задачи из «Очереди» наиболее важны. Перенесите их в эту колонку

Сегодня

Перенесите сюда задачи из «Буфера», над которыми вы будете работать сегодня

Сейчас

Здесь должны быть дела, над которыми вы работаете прямо сейчас

Сделано

В эту колонку перемещайте задачи после завершения. Дополняйте их заметками: что прошло хорошо, а где можно было сделать лучше

Ожидание

Перемещайте сюда задачи, завершение которых зависит от других людей. Не перегружайте эту колонку

КАЖДОЙ ЗАДАЧЕ – отдельный клейкий листок

Цветом листка можно задавать приоритет задачи или ее принадлежность к одному из проектов

ЗАДАЧА	Формулируйте задачу, начиная с глагола
ПРОЕКТ	Если задача относится к проекту
ИСПОЛНИТЕЛЬ	Ответственный за выполнение
ЗАМЕТКИ	Дополнительные сведения
ДЕДЛАЙН	Крайний срок выполнения
СТАРТ	Дата начала
ЗАВЕРШЕНИЕ	Дата завершения

Анализ

Раз в неделю переносите выполненные задачи в эту колонку и анализируйте их: что нужно поменять в работе, что делегировать, а чем заниматься чаще

Максимальная концентрация. Как сохранить эффективность в эпоху клипового мышления
Люси Джо Палладино

Find Your Focus Zone. An Effective New Plan to Defeat Distraction and Overload
Lucy Jo Palladino

1. Зона концентрации — расслабленно-сосредоточенное состояние, когда мышцы расслаблены, а сознание максимально мобилизовано для того или иного вида интеллектуальной активности.

2. Находиться в зоне концентрации приятно, нервная система остается в ровном, достаточно возбужденном состоянии, мы чувствуем в себе силы и эффективно работаем, способны внимательно слушать, планировать, принимать разумные решения и доводить начатое до конца.

3. В современном мире легко потерять себя, постоянно отвлекаясь на занятия, провоцирующие большой выброс адреналина, и забывая, что необходимо сосредоточиться на деле.

4. Самосознание помогает концентрации. Чтобы реализовать эту стратегию, попробуйте самонаблюдение, оцените уровень адреналина и ответьте на вопрос: «Чего я сейчас не делаю?»

5. Изменение состояния — лучший способ борьбы с рутиной и сохранения концентрации. Здесь помогут передышка, дыхательные упражнения и осознанная многозадачность.

6. Современные технологии создают невероятный соблазн откладывать дела на потом. Боритесь с прокрастинацией.

7. Беспокойство снижает концентрацию внимания, а рассеянность вызывает волнение. Стратегия подавления тревожности состоит из трех техник: осознать реальность, составить план и заместить мысль.

8. Когда человек злится, ему кажется, что он сосредоточен как никогда. На самом деле он пропускает нечто важное, вредит себе и обижает других. Чем вы злее, тем больше оправдываете свою злобу. Стратегия контроля напряженности состоит из трех техник самоконтроля: остыть, обнаружить страх и настоять на своем.

9. Три способа найти мотивацию: ставить значимые цели, быть уверенным в себе и периодически испытывать себя смертным одром — отвечать на вопрос, похвалили бы вы себя за это решение, лежа на смертном одре.

10. Не торопите себя, когда решите изменить образ жизни. Новым привычкам нужно время, настойчивость, энтузиазм и самопрощение. Хорошие привычки формируются в три этапа: спокойное и сосредоточенное поведение; дружба с людьми, которые вас понимают, и освобождение от лишнего в жизни.

Максимальная концентрация

Люси Джо Палладино

Мозг современного человека перегружен информацией, которую не в силах усвоить из-за неумения сосредоточиться. Учитесь эффективно управлять собственным вниманием, и сможете достичь гармонии и успеха в жизни.

Цифровая диета. Как победить зависимость от гаджетов и технологий
Дэниел Сиберг

The Digital Diet. The 4-Step Plan to Break Your Tech Addiction and Regain Balance in Your Life
Daniel Sieberg

1. С появлением социальных сетей экран монитора стал зеркалом, в котором мы видим не реальных себя, а созданный в интернете образ. Граница между реальным и виртуальным начинает стираться, что вредит отношениям с близкими людьми.

2. Цифровая диета — это замечательная возможность оптимизировать свои отношения с технологиями и вновь почувствовать, насколько хороша реальная жизнь и живое общение.

3. В начале диеты необходимо вычислить свой ИВВ (индекс виртуального веса) и приложить усилия к его снижению.

4. Диета состоит из четырех этапов и длится 28 дней. На первом этапе вам предстоит осознать, почему избыток технологий отравляет жизнь: вы страдаете от гиподинамии, тратите на гаджеты значительные суммы; «сжимаете время», мгновенно реагируя на сообщения; лишаетесь личного времени и пространства.

5. Второй этап диеты включает двухдневное «технологическое голодание» и постепенное дозированное осознанное добавление технологий.

6. На третьем этапе вам предстоит тщательно отобрать те устройства и программы, которые вам действительно нужны, и начать возрождать реальные отношения с близкими.

7. На завершающем этапе диеты нужно добиться устойчивого уровня потребления технологий.

8. Регулярно устраивайте детоксикацию. После завершения диеты устраивайте «разгрузочный день» без гаджетов по меньшей мере один раз в месяц. Оптимально, если вы будете это делать всей семьей.

9. Выбирайте людей, а не гаджеты. Бывает непросто оторваться от компьютера или смартфона и уделить внимание ребенку, супругу или другу. Но старайтесь пользоваться устройствами в личное время, а не когда вы с кем-то общаетесь.

10. Выбор, который вы делаете в виртуальном мире, может влиять на реальную жизнь. Если вы не можете иногда откладывать гаджеты, то теряете возможность оценить прекрасные моменты жизни.

Цифровая диета

Дэниел Сиберг

Следуйте пошаговой методике борьбы с интернет-зависимостью, и нау́читесь потреблять технологии без вреда для здоровья, семейной и социальной жизни.

I ЭТАП. ОСМЫСЛЕНИЕ

Подумайте над последствиями цифровой «передозировки»:

- Малоподвижный образ жизни, лишний вес
- Аварии и несчастные случаи из-за переключения внимания на смартфон
- Стремление ответить/решить/узнать прямо сейчас
- Отсутствие частной жизни
- Лишние расходы

II ЭТАП. ПЕРЕЗАГРУЗКА

1–2 день — **Детоксикация.** Уберите гаджеты в ящик. Вытаскивайте телефон только для важных звонков. Никаких СМС и интернета!

3–5 день — **Небольшая доза технологий.** Электронный день ≤ 45 минут

6–8 день — **Оценка ущерба.** Записывайте, сколько времени потратили на каждое устройство и почему

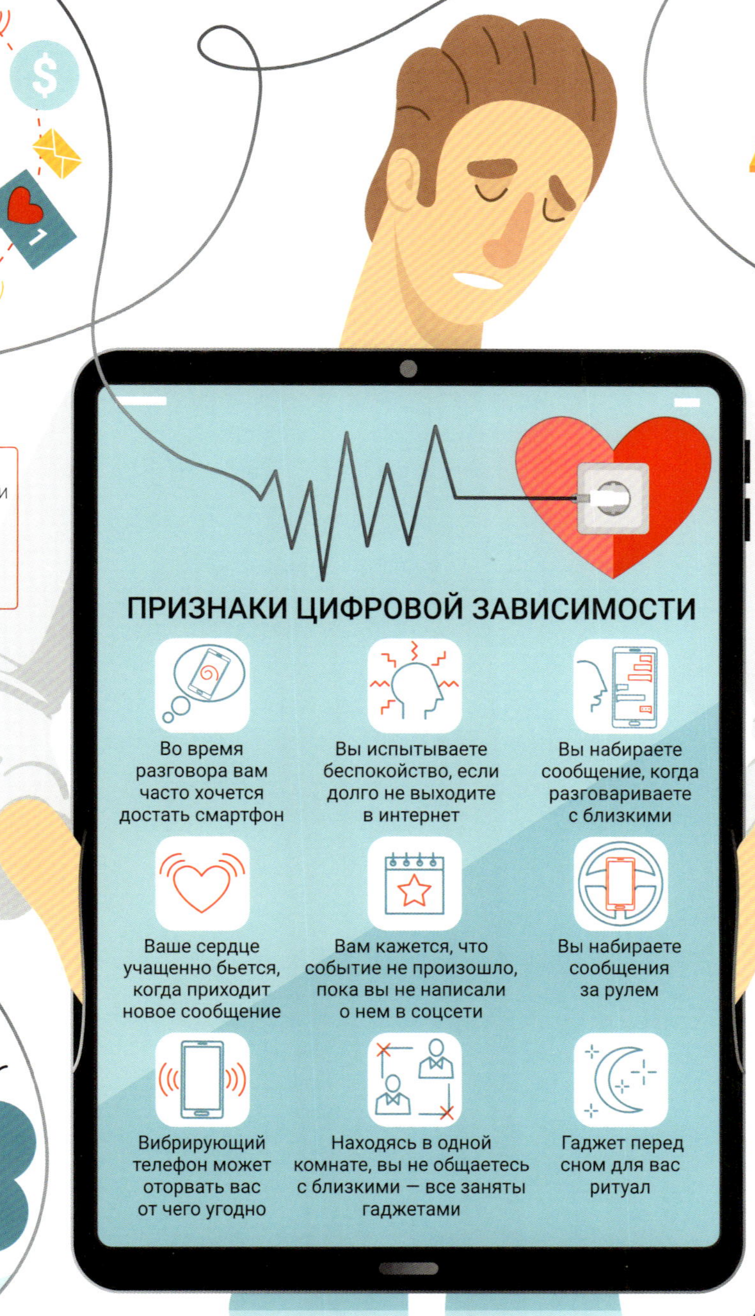

ПРИЗНАКИ ЦИФРОВОЙ ЗАВИСИМОСТИ

- Во время разговора вам часто хочется достать смартфон
- Вы испытываете беспокойство, если долго не выходите в интернет
- Вы набираете сообщение, когда разговариваете с близкими
- Ваше сердце учащенно бьется, когда приходит новое сообщение
- Вам кажется, что событие не произошло, пока вы не написали о нем в соцсети
- Вы набираете сообщения за рулем
- Вибрирующий телефон может оторвать вас от чего угодно
- Находясь в одной комнате, вы не общаетесь с близкими — все заняты гаджетами
- Гаджет перед сном для вас ритуал

III ЭТАП. ПОДКЛЮЧЕНИЕ

9–11 день — **Технологии для жизни.** Найдите то, что полезно именно вам (тренажеры для мозга, приложения для ЗОЖ...). Электронный день ≤ 90 минут

12–15 день — **Технологии для работы.** Изучите технологии для повышения продуктивности. Отпишитесь от спама, чаще жмите Delete

16–18 день — **Возрождение реальных отношений.** Встречайтесь с близкими офлайн

IV ЭТАП. ОЖИВЛЕНИЕ

19–23 день — **Обновление.** Определите границы своего электронного дня

24–28 день — **Устойчивый уровень потребления.** Прежде чем купить гаджет/скачать приложение — подумайте, нужны ли они вам на самом деле

Укрощение цифровой обезьяны
Алекс Сучжон-Ким Пан

The Distraction Addiction: Getting the Information You Need and the Communication You Want, Without Enraging Your Family, Annoying Your Colleagues, and Destroying Your Soul
Alex Soojung-Kim Pang

1. Постоянное взаимодействие с гаджетами провоцирует в нашей жизни беспокойство и суматоху. Гаджеты стали для большинства людей источником постоянного раздражения и рассеянности.

2. «Обезьяний ум» — это свойство человеческого ума бесконтрольно перескакивать с одного объекта внимания на другой. Управление своим вниманием (укрощение «обезьяньего ума») — ключевой навык в борьбе с раздражением и бесполезной тратой времени.

3. Будьте людьми. Компьютеры влияют на ваше самовосприятие. Оставайтесь собой, следите за тем, как техника влияет на вас, и не давайте недоброкачественным изменениям происходить без вашего ведома.

4. Сохраняйте спокойствие. Речь идет не о пассивном спокойствии отдыхающего человека, а об активном спокойствии, о дисциплине сознания.

5. Действуйте вдумчиво. Не теряйте осознания того, что вы делаете и с какой целью. В этом умении помогает медитация как инструмент усмирения «обезьяньего ума».

6. Свободный выбор. Когда вы выбираете способ выполнить задуманное, у вас всегда есть выбор между преимуществами цифровых инструментов и осязаемых, существующих в физическом мире.

7. Развивайте свои способности. Пусть технология для вас будет инструментом обучения и обогащения разума, а не раздражителем.

8. Ищите «поток». Выполняя какое-то дело, старайтесь погрузиться в него, сосредоточиться на нем, не отвлекаясь по пустякам.

9. Не теряйте связи с окружающим миром. Парадоксально, но постоянное взаимодействие с техникой для связи с миром приводит нас к своеобразной слепоте к действительному положению дел вокруг. Связь с внешним миром становится прочнее, когда мы отказываемся от дел, дробящих наше внимание.

10. Восстанавливайте силы. Управление вниманием и работа над собой требуют постоянных усилий и упражнений. Воздерживайтесь от взаимодействия с техникой, чтобы помочь своему разуму в этом непростом деле.

Укрощение цифровой обезьяны

Алекс Сучжон-Ким Пан

«Обезьяний ум» — это свойство нашего ума бесконтрольно перескакивать с одного объекта внимания на другой. Укрощайте свой «обезьяний ум», чтобы управлять своим вниманием и избавляться от стресса.

Непреодолимое желание. Развитие технологий, которые вызывают зависимость и держат нас на крючке
Адам Алтер

Irresistible: The Rise of Addictive Technology and the Business of Keeping Us Hooked
Adam Alter

1. Поведенческая зависимость — это неспособность противостоять действию, которое может приносить краткосрочное удовлетворение потребностей, но причиняет вред в долгосрочной перспективе.

2. Большинство поведенческих зависимостей сегодня связано с гаджетами и их возможностями: мы погружены в соцсети и постоянно проверяем количество сделанных шагов или совершаем неконтролируемые покупки онлайн.

3. В современном мире пропало понятие ограничителя. Это сигнал к тому, что пора закончить одно действие и перейти к другому. До недавних пор такие ограничители были повсюду (прочитал журнал, отложил в сторону).

4. Страсть — тоже своего рода зависимость, например хобби. Но здесь мы осознанно принимаем решение заниматься любимым делом, и это обогащает нашу жизнь. В случае с поведенческой зависимостью мы действуем вопреки своей воле, что может приводить к печальным последствиям.

5. Химические и нехимические (поведенческие) зависимости имеют общие черты. Они стимулируют одни и те же части мозга, которые отвечают за кратковременное удовольствие.

6. Поведенческая зависимость формируется с помощью ряда инструментов: целей, обратной связи, прогресса, постепенного усложнения заданий, интриги сюжета, которая держит зрителя в напряжении, и сильных социальных связей.

7. Понимая механизм зависимостей, можно вовремя распознать тот или иной опасный инструмент в вашем приложении или новом сериале и относиться к его использованию осознанно и осторожно.

8. Три составляющие привычки (по Чарльзу Дахиггу) — сигнал (то, что провоцирует действие), рутина (само действие) и награда (то, что заставляет мозг повторять действие снова). Чтобы избавиться от дурной привычки, важно сохранять сигнал и награду, изменяя рутину.

9. Необязательно полностью избавляться от источника зависимости. В современном мире это невозможно. Достаточно создать правильную среду и устранить раздражители.

10. У любой зависимости может быть начало и конец. И это только ваш выбор — заглотить крючок или пройти мимо. Осознанное отношение к любому устройству и приложению и понимание истинных ценностей — база для здорового выбора.

Непреодолимое желание

Адам Алтер

Учитесь распознавать крючки зависимости в вашем гаджете или новом сериале и относитесь к его использованию осознанно и осторожно.

Цели

Делают нас эффективнее и приносят счастье при их достижении. Но вызывают зависимость и моментально обесцениваются при достижении или сравнении

Пустые цели

Увеличить число:
Подписчиков в Instagram
Лайков в Facebook
Баллов в мобильной игре

Обратная связь

Нами движет постоянное любопытство. Мы получаем удовольствие от случайных вознаграждений и интерактивности. И легко становимся зависимыми от них

Кнопка **«Нравится»** в соцсетях — мгновенная обратная связь

«Залайкать» пост друга = отреагировать, поддержать

Прогресс

Популярные игровые механики быстро нас увлекают. Мы начинаем игру, чтобы получить удовольствие, а продолжаем играть и платить, чтобы его сохранить

«Эффект тетриса» — человек настолько увлекается, что забывает о времени

40 % людей имеют хотя бы одну поведенческую зависимость

46 % людей проще переживут физическую травму, чем отсутствие смартфона

Интрига сюжета

Незаконченность историй нас раздражает. Собравшись посмотреть одну серию фильма, мы внезапно обнаруживаем, что смотрим уже пятую

Зависимые от гаджетов люди чаще отвлекаются

9 секунд — продолжительность концентрации золотой рыбки

8 секунд — среднее время концентрации внимания человека

Социальные связи

Мы помешаны на сравнении себя с другими и боязни получить негативный отзыв. Зависимость от социальных сетей обусловлена человеческой натурой

Неотвлекаемые. Как управлять своим вниманием и жизнью
Нир Эяль

Indistractable: How to Control Your Attention and Choose Your Life
Nir Eyal

1. Привычка отвлекаться — это способ избежать внутреннего дискомфорта, который побуждает нас к действию сильнее, чем возможное вознаграждение.

2. Уметь управлять своим временем — значит уметь справляться с негативными эмоциями и стойко переносить дискомфорт.

3. Чтобы справиться с зависимостью, надо разобраться, какая глубинная причина побуждает нас к действию. Внутренним триггером может быть скука, нежелание напрягаться для решения сложной задачи, страх ошибиться.

4. Тщательно распланируйте свой день, или это сделает за вас гаджет либо другой человек.

5. Выстраивайте свое расписание так, чтобы оно отражало ваши ценности и в равной степени поддерживало личное благополучие, отношения с другими и рабочую эффективность.

6. Получив сигнал извне, задайте себе вопрос: «Если я сейчас отвлекусь, триггер послужит мне или я послужу триггеру?»

7. Разобравшись с внутренними и внешними триггерами, закрепите успехи любым подходящим пактом. Привлеките друзей и коллег, подключите финансовый интерес, переизобретите свою личность — на войне против отвлечений все средства хороши.

8. Если сотрудники часто отвлекаются на работе, ищите корень проблемы в токсичной корпоративной культуре.

9. Дети нуждаются в том, чтобы чувствовать себя самостоятельными, компетентными и принятыми в стаю. Чем хуже эти потребности удовлетворяются офлайн, тем больше времени они проводят онлайн.

10. Проактивно меняйте нормы, принятые в вашем окружении, и не держите телефон в спальне. Близкие отношения — одна из наших главных потребностей и радостей в жизни.

Неотвлекаемые

Нир Эяль

Привычка отвлекаться — это способ избежать внутреннего дискомфорта, который побуждает нас к действию сильнее,чем возможное вознаграждение. Учитесь управлять своим вниманием и жизнью.

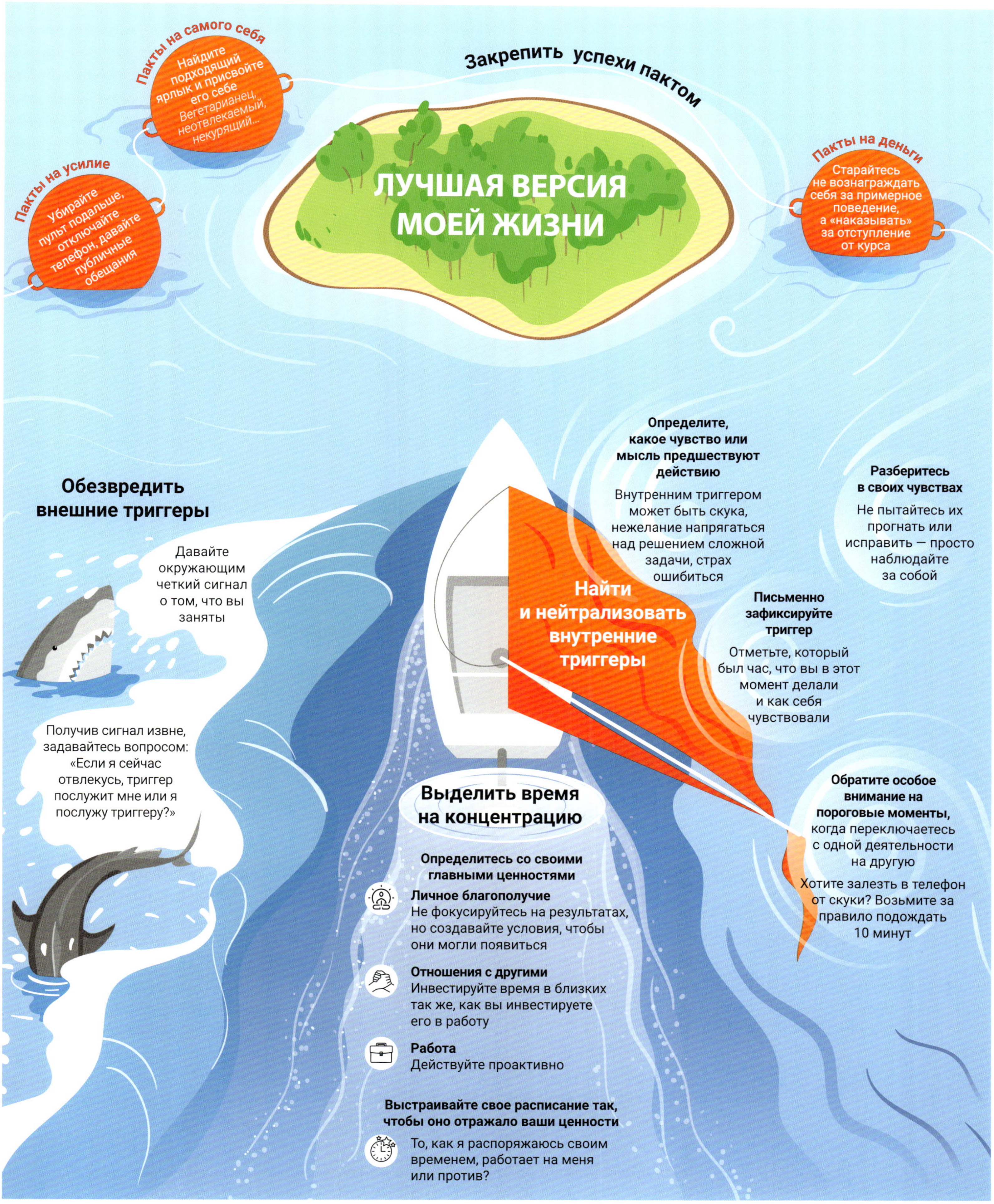

Откуда берутся хорошие идеи
Стивен Джонсон

Where Good Ideas Come From: The Natural History of Innovation
Stephen Johnson

1. Идея — это не только великое открытие в науке или какой-то технологический прорыв. Блестящая идея — это новое и точное решение любой актуальной задачи за счет использования имеющихся ресурсов.

2. Люди, придумавшие что-то новое, часто уверяют, что идея пришла к ним в одночасье — как озарение. На самом деле, за любой идеей обычно стоят многие догадки, а этап от первой неосознанной догадки до озарения может длиться годами.

3. Для идей и инноваций нужна «питательная» среда — открытое для умов пространство, в котором они могут сталкиваться и объединяться, а мысли в такой «питательной» среде текут свободно и взаимодействуют друг с другом. Такая среда организуется по семи принципам.

4. Принцип 1: смежные возможности. Среда должна позволять видеть возможности разного использования идей. Как только создается какая-то полезная технология, то в комбинации с другими она сразу же используется для развития чего-то нового.

5. Принцип 2: смешение идей. Среда работает так же, как нейронные сети: когда идеи постоянно взаимодействуют друг с другом, случайно сталкиваются, создавая множество комбинаций, легче возникают новые связи и ассоциации.

6. Принцип 3: медленно зреющие догадки. Догадки могут быть растянуты во времени и пространстве, это зыбкая и уязвимая субстанция. Чтобы догадки не рассыпались, могли объединяться и развиваться, среда должна быть текучей, лишенной бюрократических преград.

7. Принцип 4: случайные связи. Чем мысли хаотичнее, тем умнее человек. Среда должна давать возможность отпускать мысли, хотя бы иногда переставать контролировать мыслительный процесс, освобождать разум от ежедневных задач, позволяя ему изучать и пробовать что-то новое.

8. Принцип 5: ошибки. Креатив требует места для творческих ошибок. Среда должна позволять совершать даже такие ошибки, которые способны в корне поменять взгляд на вопрос. Ошибка заставляет искать правильный путь.

9. Принцип 6: новое применение. Идеи из разных дисциплин особенно эффективно обогащают друг друга. Среда должна поощрять экзаптацию — использование чего-либо не по прямому назначению.

10. Принцип 7: платформы. Платформы располагают к нестандартному мышлению. Среда должна поддерживать платформы, быть открытой для инноваций, поощрять любознательных сотрудников и помогать им генерировать идеи.

Откуда берутся хорошие идеи

Стивен Джонсон

Идея — это не только великое открытие или технологический прорыв. Блестящая идея — это новое и точное решение любой актуальной задачи за счет использования имеющихся ресурсов.

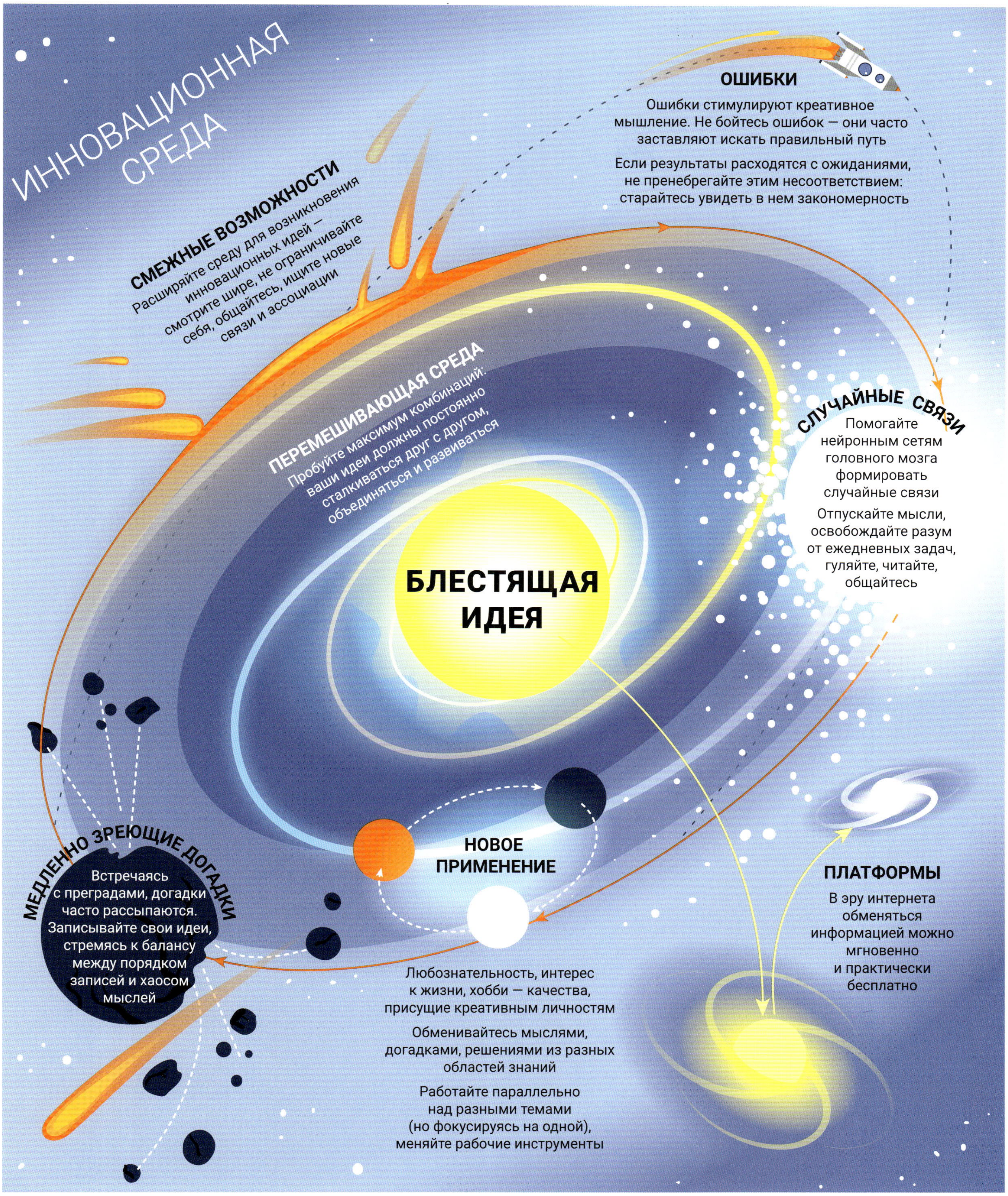

Путь художника
Джулия Кэмерон

The Artst's Way
Julia Cameron

1. Творчеству научить нельзя, но можно научить человека позволять себе творить. Учиться творить — это как учиться ходить. Потребуются усилия и время, но вы точно научитесь при должном упорстве.

2. Процесс наполнения «колодца творчества» предполагает активный поиск образов. Творческое мышление питается от органов чувств: зрительными впечатлениями, звуками, запахами, вкусами, прикосновениями. Делайте то, что манит вас самих, изучайте то, что именно вам интересно. Даже монотонные занятия могут переключить наше мышление с логической волны на творческую.

3. В процессе возрождения творческого «я» наблюдаются приливы и отливы. Иногда наш внутренний художник бывает более уязвимым, чем обычно. Защищайте его от внешних нападок: не рассказывайте другим о вашем творческом возрождении. Верьте, что вы на правильном пути. Доверяйте себе.

4. Создание произведения искусства — процесс очень интимный. Мы не занимаемся творчеством, опасаясь того, что нас будут критиковать, заставят почувствовать стыд за себя. Учитесь спокойно относиться к критике.

5. Будьте готовы переживать изменение самооценки. Погрузитесь в самонаблюдение и новое самоощущение. В процессе творческого возрождения нам часто приходится погружаться на пласты давно забытого прошлого и искать в нем наши разбитые надежды и радости. Нам нужно осознать наши подлинные эмоции и желания.

6. Наши возможности ограничены нашими собственными рамками. Перестаньте притворяться, будто все хорошо, и сделайте радикальные шаги, чтобы следовать своей сущности.

7. Отношение к деньгам формирует наше отношение к искусству. Часто, прикрываясь денежными трудностями, мы уклоняемся не только от творчества, но и от духовного роста. Мы крепко уверены: нам не будут платить за то, что мы творческие люди. Но деньги никогда не бывают истинной причиной творческого тупика.

8. Произведения искусства нельзя выдумать, наоборот, они сами приходят в голову. Творить — это совершенно естественно. И нужно верить в то, что Вселенная обеспечит вас всем необходимым для вашего проекта. Но чтобы пользоваться этими возможностями, нужно уметь идти на риск и действовать.

9. Каждому художнику необходимо учиться переживать потерю: надежды, престижа, денег, веры в себя. Творческие потери часто не проживаются осознанно и становятся преградами, которые сдерживают творческий рост.

10. Путь художника — паломничество к собственной сущности. Дорога творчества не бывает прямой, но преодоление трудностей подарит ни с чем не сравнимое счастье свободного творчества.

Путь художника

Джулия Кэмерон

Творчество доступно каждому, и каждый может творить.
Важно справиться со своими ограничениями и позволить себе стать частью творчества.

ПРОБУДИТЬ В СЕБЕ ХУДОЖНИКА

Утренние страницы

Каждое утро записывайте свои мысли, чувства, страхи, желания – все, что приходит в голову

Творческие свидания

Раз в неделю заботьтесь о своем внутреннем художнике: экскурсия, поход в театр, музей, прогулка...
Записывайте свои впечатления

ДУХОВНЫЕ ПРИНЦИПЫ –

фундамент, на котором строится творческое рождение и развитие

Творчество – естественный порядок жизни

Духовные упражнения нужны для того, чтобы настроиться на творческую энергию Вселенной

Меняясь сами, мы заставляем Вселенную расширять и приумножать эти изменения

Перечитывайте духовные принципы каждый день

ВЕРА В СЕБЯ

Сформулируйте позитивные утверждения, повторяйте их чаще, спорьте с внутренним критиком
«Я блестящий и плодовитый скульптор (художник, поэт, актер, писатель...)»

Ошибки неизбежны и необходимы. Соглашаясь быть плохим художником, вы обретаете шанс быть художником вообще

КРИТИКА

Записывайте разумные критические доводы, анализируйте их, принимайте и... забывайте

Обходите тех, кто в вас сомневается, и говорите о своем творчестве только среди союзников

РАМКИ И НЕЗАВИСИМОСТЬ

Никто не запрещает вам творить! Позволяйте себе не следовать принятым нормам, доверять интуиции и стать самим собой

Деньги не бывают причиной творческого тупика. Истинная роскошь – любовь, дружба, красота мира, радость созидания – бесплатна

САМОНАБЛЮДЕНИЕ

Проанализируйте свою жизнь: ваши занятия, окружение, мечты и реальность.
Что бы вы хотели изменить?

Осознайте свои подлинные эмоции и желания

УМЕНИЕ ВОСПРИНИМАТЬ И ДЕЙСТВОВАТЬ

Творить – это естественно.
Верьте в то, что Вселенная обеспечит вас всем необходимым для творчества

Превращайте зависть из разрушительной силы в созидательную. Зависть отнимает желание действовать. Действие – ключ к свободе

ТВОРЧЕСКИЕ ПОТЕРИ, СТРАХ

Боритесь со страхами и творческими тупиками. Страх творить можно излечить любовью к себе и своему делу
«**Чем потеря может мне пригодиться? Куда она направляет мою работу?**»

Фрикомыслие. Нестандартные подходы к решению проблем
Стивен Левитт, Стивен Дабнер

Think Like A Freak: The Authors of Freakonomics Offer to Retrain Your Brain
Steven Levitt, Stephen Dubner

1. Мыслить как фрик — значит уметь нестандартно взглянуть на проблему и нетривиально ее интерпретировать; отказаться от стадного инстинкта.

2. Не бойтесь во всем докапываться до сути, «зрить в корень», не ищите лежащих на поверхности объяснений; умейте переформулировать вопросы и верно их ставить.

3. Оперируйте не эмоциями, а цифрами и фактами, различайте причины и следствия, старайтесь правильно устанавливать взаимосвязи между событиями.

4. Не бойтесь признавать, что вы чего-то не знаете.

5. Не ставьте себе искусственных ограничений, ставьте высокие цели, но умейте решать маленькие задачи, из которых обычно состоят большие проблемы.

6. Старайтесь мыслить как ребенок: весело, свежо, непредвзято, бесстрашно; думайте на ход вперед, не стесняйтесь вовремя отступать.

7. Учитесь правильно понимать мотивы людей и искать действенные стимулы.

8. Не бойтесь быть осмеянным или раскритикованным, ведь новые и нестандартные идеи редко сразу принимаются обществом.

9. Избавьтесь от привычки потакать чужому мнению чаще, чем прислушиваться к своему.

10. Развивайте привычку думать, разрушайте устоявшиеся убеждения, не давайте своему мышлению закостенеть.

Фрикомыслие

Стивен Левитт, Стивен Дабнер

Фрикомыслие — это способность смотреть на проблемы с нетривиальных точек зрения, понимать скрытые мотивы людей, уметь по-новому формулировать привычные вопросы.

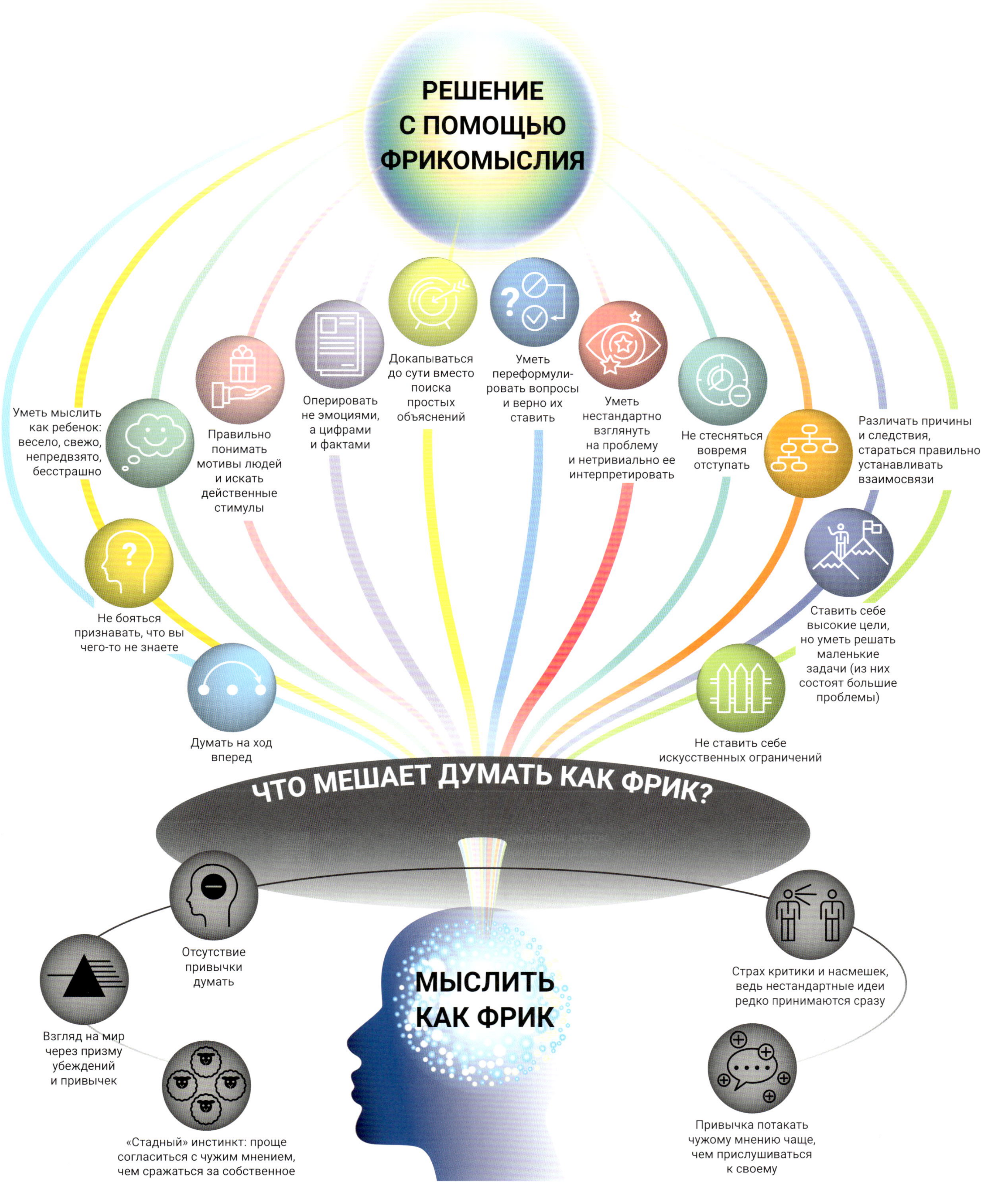

Найти идею. Введение в ТРИЗ — теорию решения изобретательских задач
Генрих Альтшуллер

1. Когда мы задумываемся над той или иной задачей, легче всего сбиться на привычный ход мысли — метод проб и ошибок, проверенный столетиями... но абсолютно неэффективный.

2. ТРИЗ исходит из абсолютно других принципов. Не надо вслепую шарить в огромном массиве идей — лучше выстроить ход решения, исходя из известных законов, общих для всех систем.

3. Корректно сформулируйте задачу, не загоняя изобретателя изначально в рамки определенного подхода.

4. Выясните, с задачей какого рода предстоит иметь дело: с макси-задачей («нужно принципиально новое») или мини-задачей («нужно добавить/убрать что-либо в уже существующем»).

5. Выясните уровень сложности задачи: от минимального первого («требуются минимальные изобретения») до максимального пятого («создаются принципиально новые система и техническая отрасль»).

6. Посмотрите на задачу не только на том экране, на котором она задана, но еще и на экранах макро- и микроуровня: так, если речь о дереве, нужно иметь в виду как надсистемы (группа деревьев, лес), так и подсистемы (ветка, лист, клетка листа). Для адекватного описания нужно видеть не менее девяти экранов.

7. Используйте законы, которым подчиняются все системы, а также физические и химические эффекты. Максимально обострите все противоречия, содержащиеся в задаче.

8. Сформулируйте идеальный конечный результат и стремитесь именно к нему.

9. Выделите оперативную зону, с которой будет вестись работа, примените известные алгоритмы решения задач для устранения противоречий.

10. Ни в коем случае не бойтесь — ни «диких» идей (скорее всего, они и будут самыми правильными), ни того, что вы выходите за рамки своей сферы компетентности (как раз решения на стыке разных сфер наиболее плодотворны).

Найти идею

Генрих Альтшуллер

Если правильно организовать мышление, остановить психологическую инерцию, вырваться из плена устаревших идей, то можно решить любую противоречивую задачу.

ТРИЗ: ТЕОРИЯ РЕШЕНИЯ ИЗОБРЕТАТЕЛЬСКИХ ЗАДАЧ

1 ПРОБЛЕМА

КОРРЕКТНО ФОРМУЛИРУЕМ ПРОБЛЕМУ

«Есть проблема» — правильная формулировка, дает простор для дальнейших действий

«Есть проблема, для ее решения надо...» — загоняет в рамки, навязывая определенный метод решения

2 ЗАДАЧА

ОПРЕДЕЛЯЕМ ТИП ЗАДАЧИ

Мини-задача: «Нужно добавить/убрать что-либо в уже существующем»

Макси-задача: «Нужно принципиально новое»

Мини-задача может быть труднее макси-задачи

3 СЛОЖНОСТЬ

ВЫЯСНЯЕМ УРОВЕНЬ СЛОЖНОСТИ ЗАДАЧИ

От **минимального первого** («требуются минимальные изобретения»)

до **максимального пятого** («создаются принципиально новая система и новая техническая отрасль»)

4 УРОВНИ

РАСКЛАДЫВАЕМ ЗАДАЧУ НА УРОВНИ (ЭКРАНЫ)

Если речь о велосипеде, нужно иметь в виду как надсистемы (дороги), так и подсистемы (колеса, спицы, шины)

Для адекватного описания нужно видеть не менее девяти экранов

5 ЗАКОНЫ

ИСПОЛЬЗУЕМ ЗАКОНЫ, КОТОРЫМ ПОДЧИНЯЮТСЯ ВСЕ СИСТЕМЫ

Статические законы
Описывают требования к жизнеспособности технических систем

В системе должны наличествовать и быть работоспособными основные части

Энергия должна проходить сквозь систему к рабочему органу

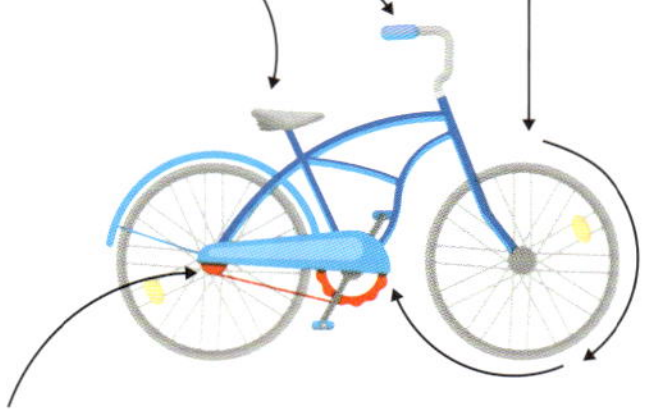

Все части системы должны быть согласованны

Кинематические законы
Все развивается в сторону большей идеальности, динамичности, управляемости системы, с макроуровня на микроуровень, неравномерно и до определенного предела

6 ПРОТИВОРЕЧИЯ

МАКСИМАЛЬНО ОБОСТРЯЕМ ПРОТИВОРЕЧИЯ, СОДЕРЖАЩИЕСЯ В ЗАДАЧЕ

Административные
«Нужно сделать **X**, но неясно как»

Технические
«Надо увеличить прочность конструкции, но нельзя увеличивать вес»

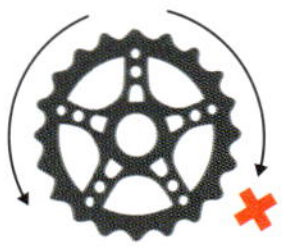

Физические
«**X** должен быть одновременно подвижным и неподвижным».
Грамотно сформулированное физическое противоречие представляет собой значительную часть решения задачи

7 РЕЗУЛЬТАТ

ФОРМУЛИРУЕМ ИДЕАЛЬНЫЙ КОНЕЧНЫЙ РЕЗУЛЬТАТ И СТРЕМИМСЯ К НЕМУ

Выделяем оперативную зону, отсекая все лишнее

Выясняем, какие ресурсы у нас есть

Определяем идеальный конечный результат (эффект должен быть достигнут без потерь) и физическое противоречие на макро- и микроуровне (наличие конфликтной пары элементов)

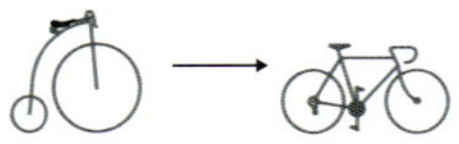

Анализируем, как подобные задачи уже решались, и изменяем/заменяем задачу

Ищем, как устранить противоречие, и анализируем ход решения задачи

Приручить музу. Как организоваться, сосредоточиться и ежедневно продвигаться к созданию шедевра
Объединение творческих лидеров компании Adobe 99U

Manage Your Day-to-Day: Build Your Routine, Find Your Focus, and Sharpen Your Creative Mind
99U

1. Мы живем в режиме вечной занятости, потому что стараемся быть всегда доступными и выполнять просьбы других людей, нам тяжело провести границу между собственными желаниями и запросами внешнего мира, и в итоге мы жертвуем собственными мечтами ради незначительных просьб других, желая оставаться хорошими для всех.

2. Простейший рецепт продвижения к реализации ваших главных целей: определите, в какие часы ваша энергия на пике, и зарезервируйте их в своем календаре под работу над самыми важными для вас проектами.

3. Не пытайтесь расширить свой день, отбирая у себя время на сон, семью или хобби, а заранее выстраивайте график так, чтобы у вас было хотя бы полчаса на себя, когда вы можете перезарядиться.

4. Не впадайте в грех мультизадачности. Наш мозг все равно неспособен справляться с несколькими заданиями одновременно, если они не механические вроде ходьбы или заваривания кофе по утрам.

5. Перфекционизм не приводит к лучшим результатам, а только к хроническим стрессам и торможению в развитии.

6. Вместо того чтобы подолгу ждать вдохновения, возьмите пример с известных творческих гениев: организуйте себе среду, максимально способствующую продуктивной работе, приучите себя работать ежедневно хотя бы по 15 минут и экспериментируйте со способами взломать ваш генератор идей.

7. Вы — хозяин ваших электронных устройств, а не они ваши хозяева. Не давайте вашему смартфону права находиться с вами везде и забирать любые свободные 15 минут, лучше в это время оглянитесь и исследуйте мир вокруг, он может дать вам куда больше идей, чем алгоритм рекомендаций Google.

8. Анализируйте, что вас блокирует, и будьте настойчивы в борьбе с этим. Отсутствие мотивации — не показатель ваших способностей, для любого барьера есть стратегия преодоления.

9. Даже если вы очень хотите заработать своим делом и добиться успеха, не устраивайте из этого гонку, оставляйте время, чтобы творить для себя. Это спасет вас от выгорания, поможет найти направления для дальнейшего развития и приобрести навыки, которые могут пригодиться в будущем.

10. Чтобы стать профессионалом, вам придется занять положение человека, который знает, что делает, уверен в своих способностях, готов нести ответственность за свои действия, продвигать себя и выслушивать критику в свой адрес. Причем не только сегодня, но и завтра и послезавтра.

Приручить музу

Объединение творческих лидеров компании Adobe 99U

Воспользуйтесь инструментарием признанных творческих гениев Adobe для перехода от состояния вечной занятости к реализации самых важных для вас проектов.

ТВОРИТЕ В УДОВОЛЬСТВИЕ

Выделяйте время под создание работ, которые интересны именно вам. Это позволит избежать выгорания и найти направления для развития

Ищите свой рецепт творческого потока
Что вы делали перед тем, как ощущали себя на пике творческой формы?

Избавляйтесь от перфекционизма
Установите минимальные требования, по достижении которых проект будет считаться законченным

100

Боритесь с творческими блоками

- Чувствуете истощение сил и идей? Возьмите паузу!
- Гоните прочь страх ошибок, наращивайте сопротивляемость критике
- Слишком много ограничений в работе? Попробуйте решить задачу, сняв некоторые из них. Слишком мало? Добавьте ограничения
- Личные проблемы? Старайтесь воспринимать свое творчество как способ отвлечься
- Испытываете недостаток денег, времени или знаний? Учитесь воспринимать ограничения как вызов

РАБОТАЙТЕ ПРОДУКТИВНО

Используйте часы работоспособности
Работайте над самым важным в часы, когда вам проще сосредоточиться, и отдыхайте в периоды энергетического упадка

32:06

01:58

Ставьте жесткие границы для своих занятий
Вместо того чтобы тратить часы в тщетных попытках добиться идеала, заранее адекватно оцените необходимое вам время

Придумайте себе ритуалы, которые станут триггерами для сосредоточенности и творческого процесса. Придерживайтесь их

1

2

Ограничивайте список задач
Если вы запланировали более 10 дел на день и каждое из них занимает не менее часа, будьте готовы найти под них 10+ часов

Не пытайтесь расширить день, отбирая у себя время на сон, семью, хобби

Записывайте обещания, которые вы даете себе и другим
Так вы будете иметь возможность сравнить важность стоящих перед вами задач

Добавьте в свою работу маркеры прогресса
Письменно фиксируйте каждый шаг движения к цели

Душа освобожденная. Путешествие за пределы себя
Майкл Сингер

The Untethered Soul. The Journey Beyond Yourself
Michael Singer

1. Даже когда мы счастливы, наш внутренний голос не умолкает: он сомневается, высказывает опасения, учит жить. Благодаря этому голосу мы постоянно вспоминаем о прошлом и строим неосуществимые планы.

2. Мы не можем наслаждаться жизнью, потому что не воспринимаем ее такой, какая она есть: внутренний голос описывает и оценивает явления и события, а сознание создает модель мира, в которой мы могли бы чувствовать себя комфортно.

3. Счастливая жизнь возможна только при условии, что внутренний голос смолкнет, позволив нам спокойно наблюдать за своими мыслями и чувствами, а также за событиями и предметами, происходящими и существующими помимо нашей воли. Попробуйте стать своим «внутренним соседом» и прожить один день, наблюдая за внутренним голосом. Вы удивитесь, но практически все, что он говорит, бессмысленно.

4. Осознав, что внутренний голос — это не вы, попробуйте ответить на вопрос «Кто я?». Оказывается, ваш возраст, имя, профессия, рост, вес и семейное положение не являются ответом на этот вопрос. Настоящее Я — это тот, кто наблюдает из центра разума за мыслями, чувствами и событиями.

5. Внутренняя энергия не зависит от возраста, еды и сна, тем не менее все мысли, движения и эмоции происходят благодаря ей. Ее запасы в организме неисчерпаемы, если вы держите сердце и другие энергетические центры открытыми.

6. Стать внутренне свободным можно, только научившись наблюдать за эмоциями и мыслями. Необходимо также научиться отпускать страх, чтобы разблокировать внутреннюю энергию. Это может быть болезненно, однако боль — это часть роста.

7. Когда внутренний голос стихнет, а разум станет свободным, начинайте исследовать внешний мир. Это не так просто: мы отгорожены от него стенами негативного опыта, стереотипов, мыслей и эмоций. Не стоит одним махом рушить эти стены, просто перестаньте их укреплять воспоминаниями и поддерживать опытом. Постепенно вы переместитесь из зоны комфорта в прекрасный реальный мир.

8. Ваше счастье зависит только от вас. Когда вы счастливы, сердце открыто и энергия свободно циркулирует.

9. Проблемы и стресс — результат неправильного отношения к жизни. Проблемы — это просто события, а стресс — результат сопротивления мыслям, эмоциям и самой жизни.

10. Смерть — самый лучший учитель. Старайтесь жить так, словно сегодня — ваш последний день, и вы обнаружите, что многие переживания и мысли незначительны и смешны.

Душа освобожденная

Майкл Сингер

Научившись отпускать мысли, эмоции, опыт и осознанно ответив на вопрос «Кто я?», вы сможете обрести себя настоящего и стать свободным.

Когда всё рушится. Сердечный совет в трудные времена
Пема Чодрон

When Things Fall Apart: Heart Advice for Difficult Times
Pema Chödrön

1. Испытывать страх, боль, тревогу и злость, когда весь мир рушится, — совершенно нормально. Важно не закрываться от этих чувств внешними стимулами, а научиться пропускать их сквозь себя и стараться увидеть ситуацию такой, какая она есть.

2. Первый шаг на этом пути — практика медитации. Она позволяет без осуждения замечать поток мыслей и спокойно отпускать его, не задерживаясь на чем-то конкретном.

3. Практикуя медитацию, важно не забывать про майтри — любящую доброту и необусловленную доброжелательность по отношению к самому себе. Чтобы не впасть в депрессию от увиденного, постарайтесь отнестись к себе с любопытством исследователя.

4. Постоянно отвлекая себя от неприятных чувств внешними стимулами, мы не замечаем, как вредим себе и окружающим. Чтобы прервать этот порочный круг, важно научиться делать паузу между чувством и реакцией на него.

5. Отследить свои эмоции и реакции на них поможет учение о восьми дхармах. В зависимости от восприятия, разные люди в одной и той же ситуации будут испытывать разные эмоции, однако оба экстремума чувств вряд ли имеют отношение к реальной ситуации.

6. Миру присущи три неотъемлемых свойства существования: непостоянство, страдание и бессамостность. Несмотря на то что мы привыкли воспринимать их как угрозу, на самом деле, все они дают повод для радости. Праздновать три свойства существования — значит признавать их таковыми в момент переживания.

7. Обычно мы уходим от реальности одним из четырех способов: ищем удовольствий, стараемся в точности воссоздать былое, поддаемся эмоциям или пытаемся все контролировать. Просто осознавая эти способы и замечая их в себе, мы уже встаем на путь просветления.

8. Мы отрицаем в других то, что отрицаем в себе. Считая себя недостойными внимания и заботы, мы никогда не сможем позаботиться о близких, так что в первую очередь в сострадательной коммуникации нуждаемся мы сами.

9. Главная практика, помогающая пробудить необусловленную доброту и сострадание, — тонглен. Вдыхайте боль за себя и других людей, испытывающих те же чувства, и выдыхайте радость и облегчение.

10. Три способа работы с хаосом: отказ от борьбы, умение превращать яд в лекарство и способность во всем видеть возможность для просветления. Хаос — естественное проявление жизни, и то, во что он для нас превратится — в рай или ад, — зависит только от нас.

Когда всё рушится

Пема Чодрон

Чтобы вынырнуть из суеты, гнета проблем, переживаний — нужно осознать непостоянство жизни, использовать во благо свои страхи, боль и учиться жить в состоянии потока.

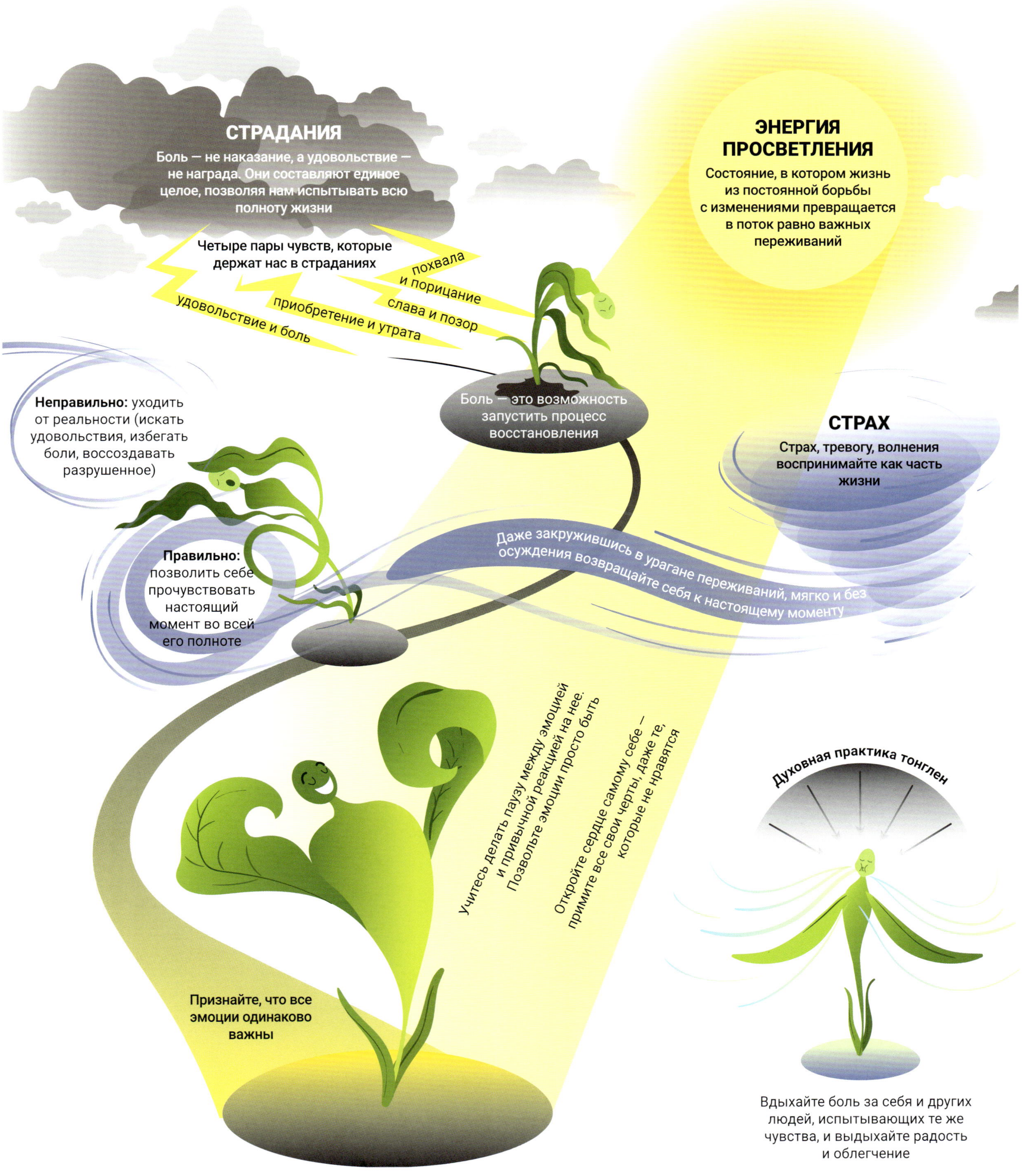

Чудо релаксации
Герберт Бенсон

The Relaxation Response
Herbert Benson

1. От далеких предков нам досталась реакция «сражайся или убегай», которая спасла немало человеческих жизней на заре истории.

2. Постоянное пребывание в состоянии стресса, то есть использование реакции «сражайся или убегай» не по назначению, в конце концов может привести к серьезным заболеваниям сердца и сосудов.

3. В наши дни намного актуальнее научиться запускать обратную реакцию — расслабление.

4. Регулярное достижение релаксации помогает справляться со стрессовыми моментами современной жизни, так как медитация уменьшает активность симпатической нервной системы, щадя сосуды сердца и головного мозга.

5. Как бы хорошо релаксация ни отражалась на нашем здоровье, применять медитативные техники следует после консультации с врачом и ни в коем случае не игнорировать терапевтическое и хирургическое лечение, если для них имеются медицинские показания.

6. Помимо лечебного эффекта, медитация экономит деньги пациентов за счет сокращения приема лекарств и способствует избавлению от наркотической, алкогольной и никотиновой зависимостей.

7. Несмотря на некоторую схожесть, медитация не является разновидностью сна или зимней спячки. Кроме того, сон и медитация — не взаимозаменяемые явления.

8. Действенная медитация должна отвечать следующим требованиям: спокойная обстановка, подходящий объект для концентрации внимания, пассивное отношение и удобное положение.

9. Найти время для занятий медитацией несложно: оптимальная продолжительность — 10–20 минут два раза в день.

10. При использовании основных необходимых компонентов любая медитативная техника, будь то старинный или совсем недавно изобретенный способ, приводит к одним и тем же физиологическим результатам.

Чудо релаксации

Герберт Бенсон

Регулярное достижение релаксации помогает справляться со стрессовыми моментами современной жизни и дает возможность контролировать реакции нашего организма.

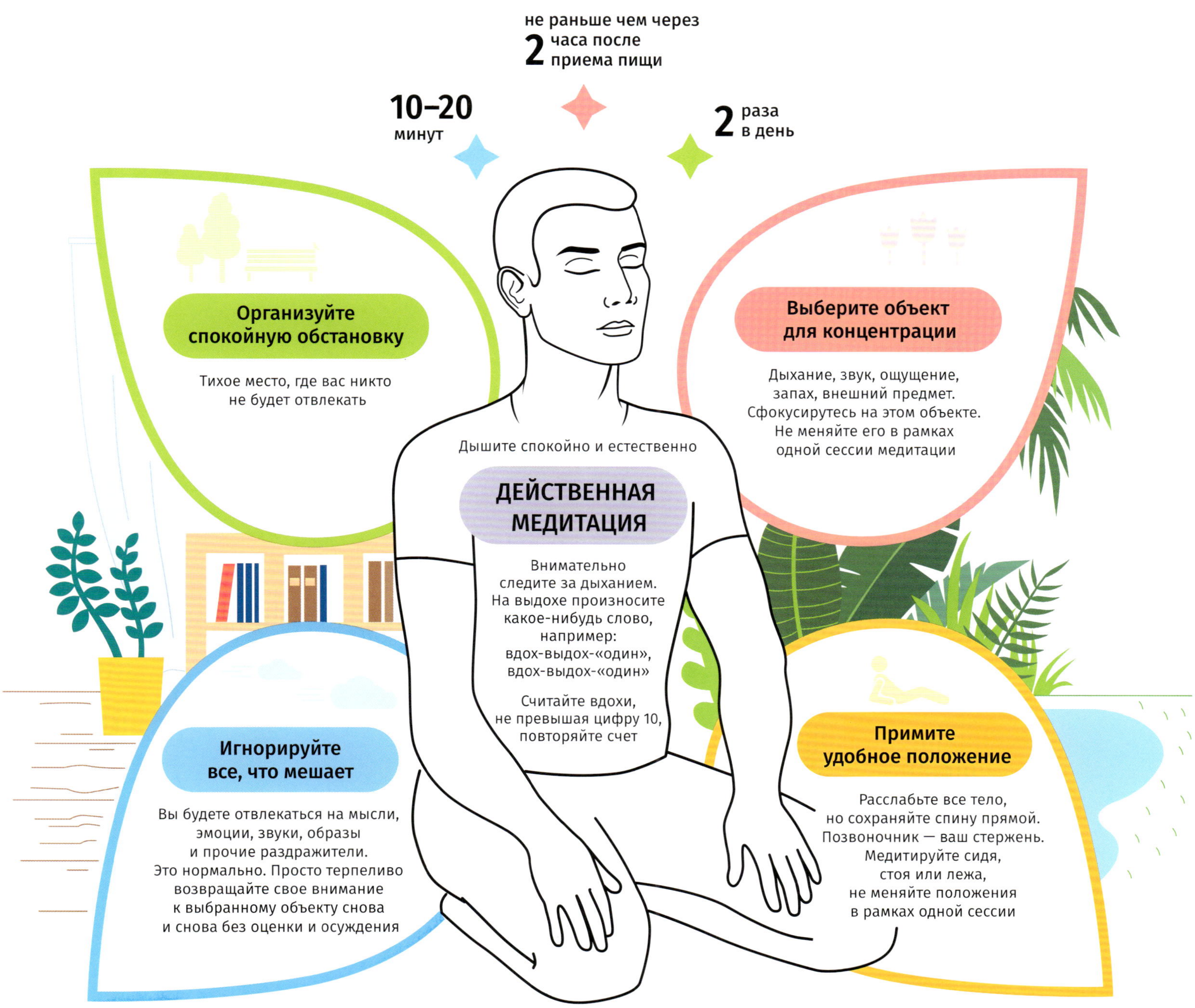

ЗАЧЕМ НУЖНА МЕДИТАЦИЯ?

- **Гигиена мозга и мышления, умение отделять реальность от вымысла**
- **Понимание природы эмоций и мыслей, умение отсоединять себя от них**
- **Снижение уровня стресса и эмоционального напряжения**
- **Общее оздоровление организма**
- **Умение жить и глубоко проживать текущий момент**

! Применять медитативные техники следует после консультации с врачом

Осознанное управление здоровьем
Дмитрий Шаменков

1. В основе большинства заболеваний лежат нарушения процесса коммуникации между нашим «я», умом, телом и тем, что мы называем окружающей средой. Любой дисбаланс в этих отношениях приводит к формированию различных симптомов — от слабого недомогания до тяжелых, угрожающих жизни заболеваний, проблем в бизнесе и личных отношениях.

2. Любой метод терапии, направленный только на устранение симптомов, не позволяет полностью решить проблему. В результате возникают различные хронические заболевания.

3. Ни один из существующих сегодня методов лечения не гарантирует стопроцентного выздоровления и не предотвращает повторения проблемы в будущем. Более того, при устранении симптомов одного заболевания часто начинают проявляться симптомы многих других, что свидетельствует о более глубоких причинах болезней, чем те, которые мы видим.

4. Организм человека обладает поистине безграничными, фантастическими ресурсами для самообновления. Единственной причиной проблем со здоровьем является нарушение регуляции деятельности организма на уровне функциональных систем или генетического кода.

5. Наша врожденная автоматическая реакция на изменение внешних обстоятельств — страх. После окончания реакции страха организм способен вернуться в режим спокойствия и полностью самовосстановиться. У современного человека самовосстановления не происходит, потому что реакция страха стала постоянной. Из-за этого мы часто болеем и живем очень недолго.

6. Чтобы выйти из бесконечного круга проблем со здоровьем, необходимо максимально ослабить автоматическую систему реагирования и впустить в нашу жизнь осознанность.

7. Система осознанного управления здоровьем подразумевает управление вниманием, телом и дыханием.

8. Научившись управлять своим вниманием 24 часа в сутки, мы получаем возможность осознать свои физиологические и психологические проблемы и понять, кем являемся на самом деле.

9. Разные виды дыхания (спокойное, расслабляющее, успокаивающее, энергизирующее и очищающее) не только стимулируют процессы осознания, но и оказывают позитивное влияние на нервную, эндокринную и пищеварительную системы. Они также улучшают обмен веществ и кровоснабжение.

10. В долгосрочной перспективе осознанное управление здоровьем приводит к снижению частоты инфарктов и инсультов, уменьшению биологического возраста, притуплению тяги к наркотикам, алкоголю, кофе, сигаретам и транквилизаторам.

Осознанное управление здоровьем

Дмитрий Шаменков

Регулярное выполнение телесных и дыхательных практик помогает справляться с проблемами со здоровьем, а достижение высокой степени осознанности выводит организм на принципиально новый, более высокий уровень функционирования.

ВНИМАНИЕ

Осмысленно управляйте своим вниманием

Осознавайте, на что направлено ваше внимание. В первую очередь это дыхание и физические ощущения. Постепенно вы сможете параллельно осознавать и работу ума — поток мыслей, не отождествляясь с ним

Цели

Максимально ослабить автоматическую систему реагирования и впустить в свою жизнь осознанность

Развить самочувствительность

Научиться полностью осознавать свое тело

Привести в баланс отношения между разумом, умом и телом

Осознание своего внимания и осмысленное управление им 24 часа

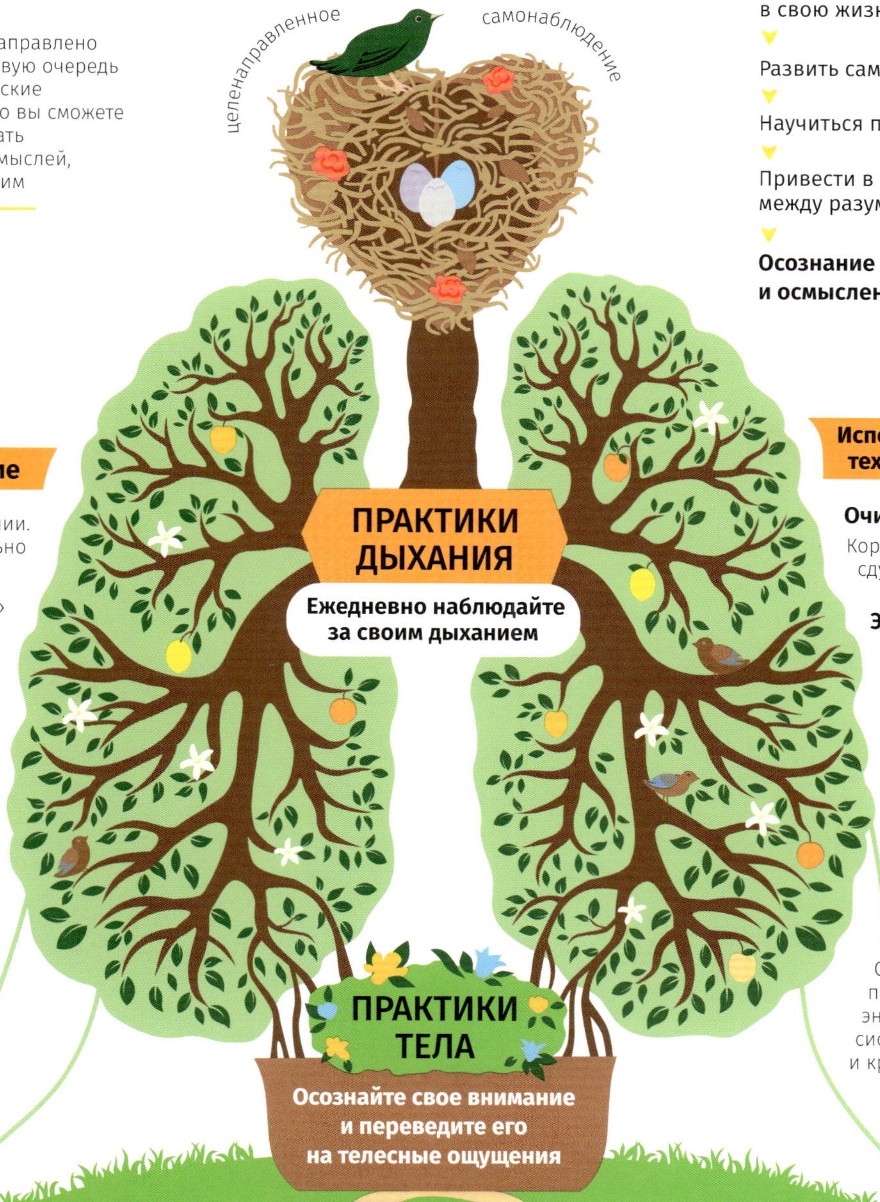

Базовое дыхание

Сосредоточьтесь на своем дыхании. Положение тела — не принципиально

Не существует «правильной» техники наблюдения за дыханием: любой способ наблюдения, его продолжительность, любые мысли — правильны

Постепенно вы почувствуете потребность в глубоком и полном вдохе, почувствуете, что не вы дышите воздухом, а воздух вами

Наслаждайтесь чувством легкости и свободы

Используйте особые техники дыхания:

Очищающее

Короткие выдохи носом, будто сдуваете мошку с верхней губы

Энергизирующее

Максимально полное, глубокое и интенсивное

Расслабляющее

Попеременно дышите то одной, то другой ноздрей

Успокаивающее

Глубокий вдох и выдох носом через сжатое горло (вроде храпа, звук «х»)

Стимулируют процессы осознания, позитивно влияют на нервную, эндокринную и пищеварительную системы. Улучшают обмен веществ и кровоснабжение

Практика 1

- Удерживайте свое внимание на ощущениях тела
- Наблюдайте за всем телом
- Откажитесь от оценки результата
- Время и степень усердия вы выбираете сами

Практика 2

- Поочередно сокращайте и расслабляйте различные группы мышц и внимательно наблюдайте за своими ощущениями
- Используйте комплексы упражнений статической гимнастики, в том числе позы и движения восточных практик
- Объем и длительность практики выбирайте сами

Практика 3

- Наблюдайте за самой болью и за ее пределами
- Усиливайте и ослабляйте болевые ощущения, главное — не сопротивляйтесь боли
- При возникновении трудностей, немедленно обратитесь за медицинской помощью

Мозг Будды. Нейропсихология счастья, любви и мудрости
Рик Хансон

Buddha's Brain: The Practical Neuroscience of Happiness, Love, and Wisdom
Rick Hanson

1. Мозг — пессимист по воле природы, но в наших силах заставить его тревожиться меньше.

2. Забудьте про груз прошлого: мозг меняется на протяжении всей жизни, перемены к лучшему можно начать в любой момент.

3. Сочувствие к самому себе — начало всех добрых дел. Чтобы полюбить других, нужно прежде полюбить самого себя.

4. Подкрепляйте приятные впечатления физическим действием, так мозг легче запомнит хороший знак. Даже улыбнуться самому себе — простое, но действенное вознаграждение.

5. Каждый день пытайтесь испытывать сочувствие к пяти людям: к человеку, которому благодарны; к партнеру или другу; к человеку, к которому относитесь нейтрально; к человеку, с которым вам трудно; к самому себе.

6. Любые споры бессмысленны: мысли собеседника — не ваши собственные суждения, вы не обязаны на них реагировать.

7. Многозадачность — не признак мудрости.

8. Сокращайте категорию «чужих» и увеличивайте категорию «своих», ищите как можно больше сходств между «своими» и «чужими», обменивайтесь с «чужими» опытом и помощью.

9. Самое важное — отвлечься от себя. Это не так сложно, когда знаешь, что «я» — сложносочиненная и легкоредактируемая иллюзия.

10. Говорите и размышляйте о том, что больше вас. Самые обыденные предметы и процессы существуют в глобальной перспективе, замечайте это.

Мозг Будды

Рик Хансон

Используйте медитацию и практики гигиены мозга для того, чтобы обрести гармонию с реальностью и счастье.

ПРАКТИКУЙТЕ МЕДИТАЦИИ РЕГУЛЯРНО

5 минут для начала — достаточно

Регулярность важнее продолжительности

ПРАКТИКА «РАССЛАБЛЕНИЕ»

Сконцентрируйтесь на дыхании — 2 минуты

Расслабьтесь, сосредоточившись на ощущении в руке, ступне или другой части тела

Представьте, что напряжение вытекает из тела, как вода, и впитывается в землю

ПРАКТИКА «ФОКУС НА ДЫХАНИИ»

Концентрируйтесь на части тела, в которой чувствуете дыхание: нос, горло, грудь, живот

Старайтесь не думать о том, что вы дышите, но чувствуйте дыхание

Сложно удержать внимание? Считайте вдохи и выдохи: 1, 2… 10; 1, 2… 10. Возвращайтесь к ощущениям, даже если отвлеклись

Относитесь к чувствам, событиям и людям со спокойным принятием

Осознайте: тревога, страх и прочие чувства — временные состояния разума

ГИГИЕНА МОЗГА И МЕДИТАЦИЯ

РАЗВИВАЙТЕ СОЧУВСТВИЕ **К СЕБЕ**

Основа отношений с миром — принятие себя и сочувствие к себе. Относитесь к себе как к любимому человеку

Проникайтесь ощущением заботы

С точки зрения физиологии мозгу безразлично, исходит ли это чувство от вас самих или от другого: он запоминает саму заботу, и это благотворно

Практика ЛЮБЯЩАЯ ДОБРОТА **К СЕБЕ**

Закройте глаза, расслабьтесь, сфокусируйтесь на дыхании

Представьте себе человека, который вас искренне любит. Почувствуйте его сочувствие и любовь

Проявите сочувствие к себе, пожелайте себе добра. Усильте чувство действием: прикоснитесь к щеке, обнимите себя

Повторяйте многократно, визуализируйте: «Желаю **СЕБЕ** счастья, желаю себе здоровья, желаю себе безопасности, желаю себе гармонии и свободы от страданий»

Практика ЛЮБЯЩАЯ ДОБРОТА **К ДРУГИМ**

Закройте глаза, расслабьтесь, сфокусируйтесь на дыхании

Представьте себе человека, которого искренне любите. Почувствуйте эту любовь

Вспомните ситуацию, когда этот человек нуждался в сочувствии. Направьте к нему поток сочувствия и добра

Повторяйте многократно, визуализируйте: «Желаю **ТЕБЕ** счастья, желаю тебе здоровья, желаю тебе безопасности, желаю тебе гармонии и свободы от страданий»

РАЗВИВАЙТЕ СОЧУВСТВИЕ **К ДРУГИМ ЛЮДЯМ**

Каждый день выделяйте время на осознанное сочувствие к четырем людям:
- к человеку, которому благодарны
- к своему близкому
- к знакомому
- к тому, с кем вам трудно

Воспринимайте мир позитивно

Смакуйте приятные переживания: вкусный завтрак, улыбку коллеги, теплое солнце. Проявляйте доброту в речи, действиях и мыслях

Научиться быть счастливым
Тал Бен-Шахар

Happier. Learn the Secrets to Daily Joy and Lasting Fulfillment
Tal Ben-Shahar

1. Современное общество учит человека быть успешным, ставить цели и добиваться их. Но все очевиднее тот факт, что путь слепого достижения целей ведет к перенапряжению и депрессии, в то время как каждому из нас хочется быть счастливым.

2. Задаваясь вопросом «А счастлив ли я?», мы обрекаем себя на черно-белую картину мира, где ответ либо да, либо нет, словно счастье — это некая точка, предел. Но предела нет.

3. Постижение счастья — это процесс, причем бесконечный. С каждым днем, месяцем, годом мы можем становиться счастливее. Приятный бонус от счастья состоит в том, что оно является не только целью, но и средством.

4. Людям часто свойственно ошибочное представление, что деньги и счастье рядом. Да, нам необходим финансовый минимум, который обеспечит наше выживание. Но все сверх минимума следует оценивать как инструмент для достижения целей, но не самоцель.

5. Цель нужна для того, чтобы мы могли расслабиться в дороге и получать удовольствие здесь и сейчас. Сложно путешествовать, если не знаешь, куда идешь, на любой развилке сразу теряешься. Если же есть уверенность, что двигаешься в верном направлении, можно расслабиться.

6. Жить из парадигмы счастья — значит задавать себе три главных вопроса: «Что наполняет смыслом мою жизнь?», «От чего я получаю наслаждение?», «В чем я силен?». И искать через это свое призвание.

7. Счастье зависит от внутренних ресурсов человека, а не от внешних обстоятельств, поэтому за него нет причин с кем-то бороться. Чем больше счастливых людей, тем больше счастья они дарят миру. Счастье никогда не уменьшается, если им поделиться; оно не имеет границ.

8. Мы должны перестать жить страхами — «А что, если не получится?» — и ожиданиями будущих успехов, научиться получать максимум удовольствия от настоящего. Одно из главных препятствий на пути к счастью — это наше вечное ожидание, что вот исполнится что-то долгожданное и принесет нам вечное блаженство.

9. Наша задача — заниматься любимыми делами, проводить время с любимыми людьми, изучать что-то интересное. Чем больше времени нашей жизни заполнено такими событиями, тем мы счастливее.

10. Самое важное для счастья — действовать! Никто не способен построить ваше счастье за вас.

Научиться быть счастливым

Тал Бен-Шахар

Если смотреть на жизнь из парадигмы счастья, то становится проще принимать решения, делать выбор и наслаждаться жизнью на пути к верной цели.

Книга радости: устойчивое счастье в меняющемся мире
Далай-лама XIV, Десмонд Туту, Дуглас Абрамс

The Book of Joy: Lasting Happiness in a Changing World
Dalai Lama, Desmond Tutu, Douglas Abrams

1. Избавиться от насилия, которое нас окружает, поможет осознание нашей связи друг с другом, развитие сострадания к другим людям и обретение спокойного состояния ума.

2. Материальные ценности, которым уделяется огромное внимание в современном мире, не в состоянии сделать нас действительно счастливыми, так как счастье от чувственных наслаждений мимолетно.

3. Гораздо важнее развить внутреннюю радость, которая приносит истинное счастье, не зависящее от внешних факторов. Тем не менее существует огромное количество препятствий для обретения такого состояния, большая часть из которых кроется в наших собственных негативных эмоциях и искаженном восприятии реальности.

4. Любые страдания можно обратить себе на пользу: состояние истинной радости достигается не вопреки сложностям, а благодаря им, так как именно они учат нас быть более внимательными к окружающим.

5. Каждый из нас по своей природе милосерден и добр — нас просто не учат развивать эти качества, хотя это возможно.

6. Очень важно наполнять свои ум и сердце положительными эмоциями и развивать «Восемь столпов радости»: взгляд со стороны, смирение, юмор, принятие, прощение, благодарность, сострадание и щедрость.

7. Наивысшей формой щедрости является даяние радости другим. Практикуя этот вид даяния, мы укрепляем все остальные столпы радости.

8. Когда мы смотрим на ситуацию со стороны, мы видим нашу связь с другими, сознаем свое место — и в нас рождается смирение.

9. Чувство юмора помогает относиться к себе не так серьезно и научиться принимать себя и жизнь такой, какая она есть. Принимая жизнь, мы обретаем способность простить тех, кто причиняет нам вред, и начинаем испытывать благодарность за то, что имеем. В итоге в нас расцветает сострадание к окружающим и стремление дарить им радость.

10. Также нам могут помочь ежедневные практики: установление намерения на день, молитва, аналитическая медитация, медитация принятия, практика прощения, практики развития сострадания и другие.

Книга радости

Далай-лама XIV, Десмонд Туту, Дуглас Абрамс

Состояние внутренней радости и счастья не зависит от внешних обстоятельств. Оно рождается не из стремления приобрести как можно больше, но из стремления отдать как можно больше!

ПРЕПЯТСТВИЯ, МЕШАЮЩИЕ РАДОСТИ

Страх, стресс и гнев
Помните, что большинство страхов — лишь ментальные проекции, не имеющие реальной почвы

Зависть
Развивайте в себе заботу о благополучии других

Одиночество
Воспринимайте себя как часть мирового сообщества

Печаль, горе, отчаяние
Учитесь видеть баланс добра и зла, на котором построен мир

Боль и страдания
Воспринимайте страдания и разочарования как опыт

Смещайте фокус восприятия с себя на других

Любые страдания — это возможность развить положительные качества, поддерживающие радость

СОСТОЯНИЯ ДУХОВНОЙ РАДОСТИ

Сорадость
Способность радоваться чужому счастью

Восторг
Способность быть глубоко удовлетворенным

Духовное сияние
Умиротворенная радость, равновесие, доброжелательность

СТОЛПЫ РАДОСТИ

Благодарность
Учитесь ценить то, что имеете

Взгляд со стороны
Опишите проблему от третьего лица и спросите себя: «Вспомню ли я об этом через месяц или несколько лет?»

Смирение
Осознайте, насколько огромен мир и каково ваше место в нем

Прощение
Умейте прощать, это единственный способ избавиться от груза прошлого

Сострадание
Развивайте сострадание даже к тем, кто совершает негативные действия

Принятие
Учитесь видеть реальность, воспринимать и принимать вещи такими, каковы они на самом деле

Юмор
Развивайте самоиронию: пытайтесь находить смешное даже в недостатках, не допускайте сарказма

Щедрость
Практикуйте три вида щедрости: даяние материальных благ, бесстрашие (защита, совет, утешение) и мудрость

Гормоны счастья. Как приучить мозг вырабатывать серотонин, дофамин, эндорфин и окситоцин
Лоретта Бройнинг

Habits of a Happy Brain. Retrain Your Brain to Boost Your Serotonin, Dopamine, Oxytocin and Endophin
Loretta Breuning

1. Современный человек живет с мозгом, доставшимся ему от далеких предков. Мы развиваемся и прогрессируем — но в основе наших устремлений лежат все те же древние механизмы, которые обеспечили выживание нашего вида.

2. Лимбическая система заведует выработкой гормонов счастья: дофамина, окситоцина, серотонина и эндорфина, а также гормона стресса кортизола — и дает команду к действиям, основанным на инстинктах. Повинуясь древним программам поведения, мы тянемся к жирной и сладкой пище, укрываемся от опасности в кругу близких и нервничаем, когда видим чужой успех.

3. Гормоны счастья помогают мозгу создать нейронные пути — маршруты взаимодействия клеток, облегчающие обработку информации. Уже к семи годам у ребенка формируются привычные реакции на множество стимулов. Эти нейронные пути служат нам всю жизнь.

4. Карта нейронных путей индивидуальна. Она формируется на основе личного опыта, включающего и удовольствия, и стрессы. Чем чаще вы выдаете определенную реакцию на то или иное событие, тем прочнее становится нейронный путь.

5. Имеющиеся у нас нейронные пути далеко не всегда помогают эффективно действовать и пребывать в хорошем расположении духа. Вредные привычки, неприятные для окружающих шаблоны поведения и неадекватные реакции — это тоже нейронные пути.

6. Отучить мозг исполнять заложенные в него программы невозможно. Но зная, как работают гормоны счастья, можно научиться создавать и укреплять новые нейронные пути. Это верный инструмент для повышения качества жизни и социального взаимодействия.

7. На формирование новых нейронных путей уходит 45 дней. В течение этого времени нужно ежедневно предпринимать действия по стимулированию выработки нужного вам гормона счастья.

8. Создавая новые нейронные связи, человек поначалу испытывает дискомфорт. Вознаграждение в виде выработки гормонов счастья последует не сразу. Если вы прерветесь хотя бы на день, отсчет 45 дней придется начать заново. Но если вы добьетесь успеха хотя бы раз, вы не откажетесь от этого инструмента уже никогда.

9. Управление гормонами счастья — один из самых полезных навыков, которые можно получить в жизни. Он откроет вам путь к освоению любых полезных привычек.

10. Главные правила управления гормонами счастья: 1) вы должны делать это сами; 2) вы можете делать это только для себя; 3) вы точно можете это сделать.

Гормоны счастья

Лоретта Бройнинг

Уровень счастья — баланс пяти основных гормонов.
Зная особенности лимбической системы и механизмы формирования наших привычных действий, мы можем настроить свой мозг на полезные для нас реакции всего за 45 дней.

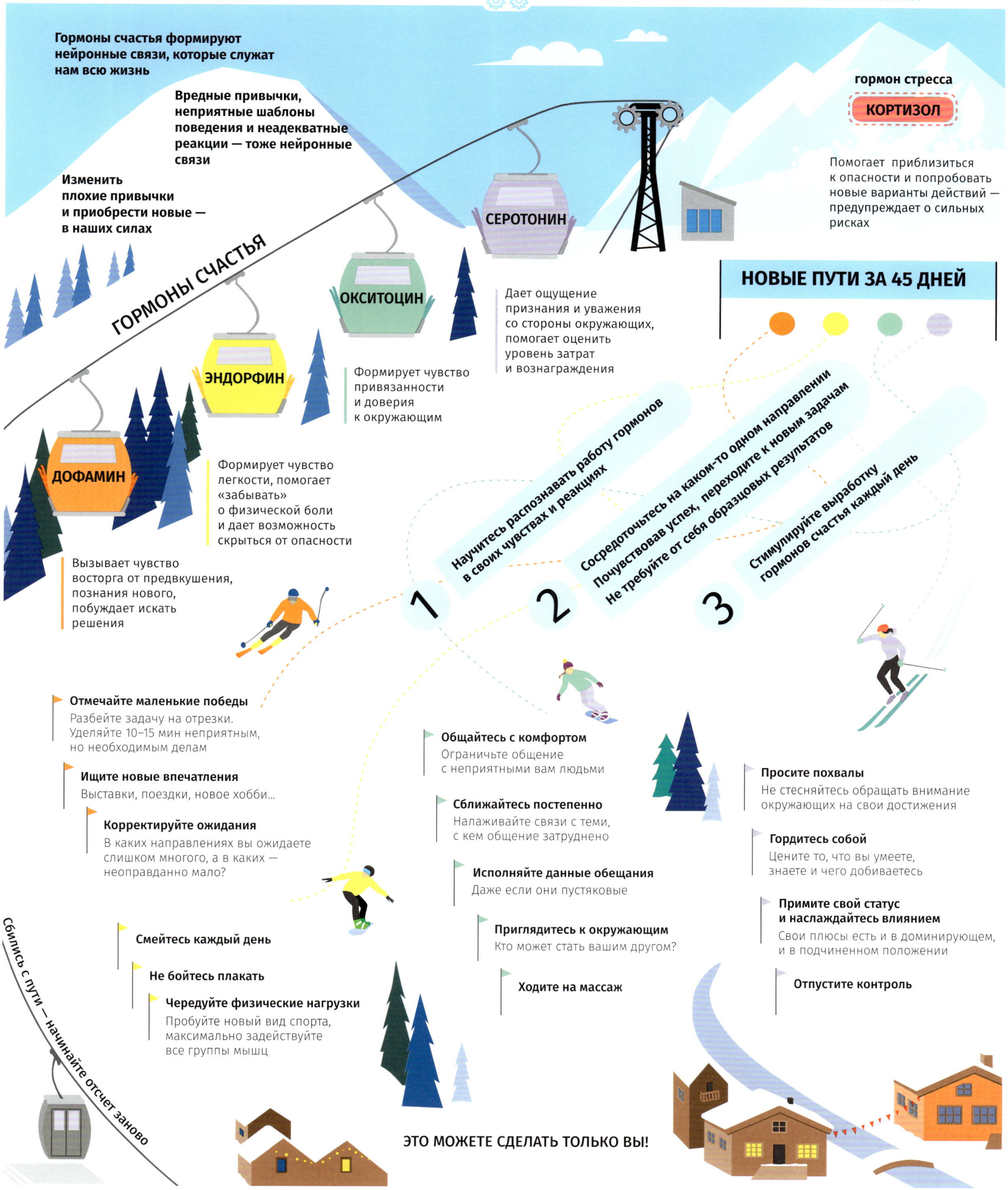

Разум для материи. Удивительная наука о том, как ваш мозг создает физическую реальность
Доусон Черч, Джо Диспенза

Mind to Matter: The Astonishing Science of How Your Brain Creates Material Reality
Dawson Church, Joe Dispenza

1. Нервные клетки восстанавливаются, а связи между нейронами постоянно перестраиваются — и мы можем использовать этот феномен нейропластичности себе во благо. Сознательное производство и потребление информации, регулярная тренировка важных навыков — основные инструменты, которые в этом помогут.

2. Тревожность и стресс — наше эволюционное наследие, помогающее в вопросах жизни и смерти. Увы, они включаются автоматически и регулярно в самых простых повседневных ситуациях.

3. Во время стресса существенно снижается способность гибко переключаться между разными видами деятельности. Преобладание в активности мозга «высоких» бета-волн стресса сокращает или полностью убирает «альфа-мост», создающий способность человека переключаться.

4. Эмоциональное регулирование — прямая забота о здоровье, поскольку фоновая тревожность и стресс приводят к хронически высокому уровню кортизола. Хронически высокий кортизол в свою очередь создает условия для огромного числа серьезных заболеваний.

5. Важно сначала выйти из стресса, а затем принимать важные решения или заниматься интеллектуальным трудом. Когда человек в стрессе, его когнитивные способности и способность принимать взвешенные решения ухудшаются.

6. Эмоциональная регуляция помогает снизить уровень стресса. Практики эмоциональной регуляции: корректировать привычные реакции на эмоциональные триггеры, использовать расслабляющую музыку, осознанно потреблять, создавать и распространять информацию.

7. Наш мозг способен оказывать помощь телу, генерируя частоты волн мозговой активности, положительно влияющие на гормональный фон, а также на важнейшие биомаркеры. Глубокий сон и медитация помогут улучшить общее состояние здоровья и увеличить объем дельта-волн, а объем тета-волн позволяют увеличить медитация, быстрый дневной сон, трансовая музыка.

8. Позитивный контакт с другими людьми, наблюдение за синхронистичностями, ведение дневника — важные способы снижения стресса и увеличения когерентности в работе мозга.

9. Исследования показывают, что два и более месяца ежедневной практики медитации — эффективный способ улучшить память, когнитивные способности, повысить способность к эмоциональной саморегуляции.

10. Медитация и практики саморегуляции помогают снизить уровень стресса, нормализовать уровень кортизола, обеспечить возможность для регенерации тканей и исцеления тела.

Разум для материи

Доусон Черч, Джо Диспенза

**Мы можем влиять на работу нашего мозга,
изменив привычные способы взаимодействия с собой, информацией и людьми.**

НЕЙРОПЛАСТИЧНОСТЬ МОЗГА

Нервные клетки восстанавливаются, а связи между нейронами постоянно перестраиваются

Если нейроны в нейронной цепи стимулируются с высокой интенсивностью — число синаптических связей может увеличиваться вдвое

Стимулируя работу определенных отделов мозга, вы способствуете их увеличению: нейроны образуют новые нейронные связи, чтобы соответствовать новым паттернам

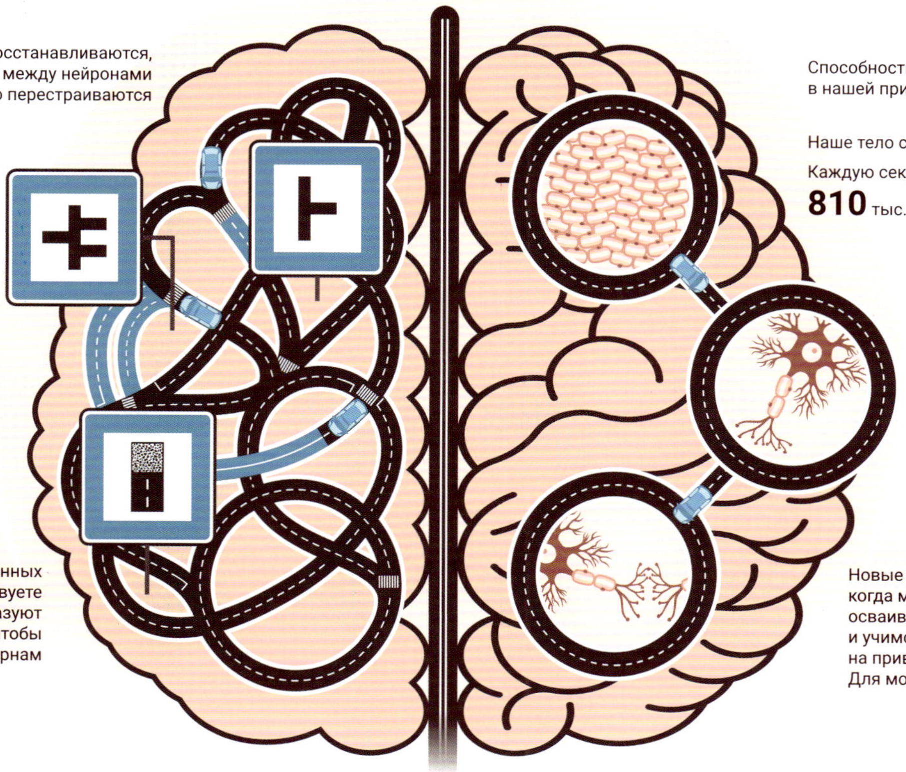

Способность к исцелению заложена в нашей природе

Наше тело состоит из **37** трлн клеток

Каждую секунду обновляется **810** тыс. клеток

Восстановление нейронов и постоянное изменение синаптических связей — основа нейропластичности мозга

Новые синаптические связи создаются, когда мы изучаем язык, осваиваем новые навыки и учимся по-новому реагировать на привычное событие. Для мозга все это — новые паттерны

Развивайте важные для вас навыки, учитесь новому. Корректируйте свои привычные реакции на эмоциональные триггеры

Какие мелочи становятся для вас триггером раздражения? Как можно реагировать на них иначе?

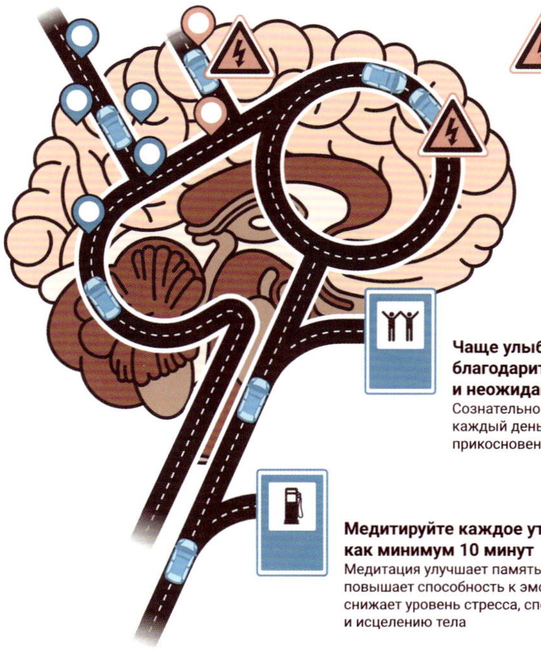

Старайтесь выходить из стресса перед принятием важных решений
или занятиями интеллектуальным трудом

Пойте, слушайте расслабляющую музыку, наслаждайтесь ванной

Чаще улыбайтесь людям, благодарите, делайте что-то приятное и неожиданное для них
Сознательно прикасайтесь к близким каждый день (похлопывания по плечу, прикосновения, объятия)

Медитируйте каждое утро/вечер как минимум 10 минут
Медитация улучшает память, когнитивные способности, повышает способность к эмоциональной саморегуляции, снижает уровень стресса, способствует регенерации и исцелению тела

ПРОАНАЛИЗИРУЙТЕ ПЯТЬ КЛЮЧЕВЫХ СФЕР ЖИЗНИ

Какой сфере нужно уделить особое внимание?

Формулируйте приоритетные для вас темы, проекты, задачи в этой сфере

Общайтесь с людьми, которые будут вдохновлять вас на позитивные изменения

Замечайте любые совпадения в важной для вас сфере, наблюдайте за ними и записывайте их

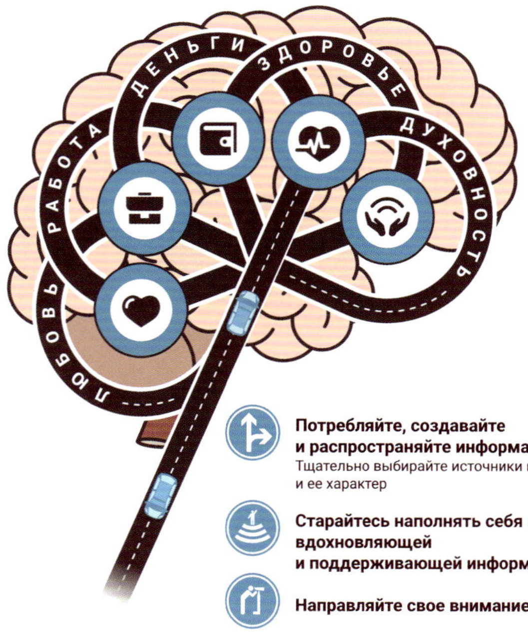

Потребляйте, создавайте и распространяйте информацию осознанно
Тщательно выбирайте источники информации и ее характер

Старайтесь наполнять себя позитивной, вдохновляющей и поддерживающей информацией

Направляйте свое внимание на самое важное

Счастлив по собственному желанию. 12 шагов к душевному здоровью
Андрей Курпатов

1. Живите здесь и сейчас: прошлого уже нет, а будущего еще нет. Есть только настоящее.

2. Будущее полностью зависит от настоящего. Каково настоящее, таким будет и будущее.

3. Закройте незавершенные ситуации в прошлом. Примите свое прошлое.

4. Закройте незавершенные ситуации в настоящем. Соскочите с лезвия.

5. Откажитесь от прогнозов («у меня не получится»), делайте то, что от вас зависит.

6. Не требуйте от жизни исполнения желаний. Пусть она радует вас сверх ожиданий.

7. Избегайте требований в отношениях с другими. Не оценивайте и не судите.

8. Не будьте категоричны.

9. Не поддавайтесь на провокации. Умейте сделать паузу в мыслях.

10. Станьте хозяином своей жизни. Возьмите ответственность на себя.

Счастлив по собственному желанию

Андрей Курпатов

Простая и действенная методика 12 шагов поможет вам расстаться с тревогой, страхами, принять прошлое, перестать беспокоиться о будущем и начать жить счастливо здесь и сейчас.

50 ПРИВЫЧЕК УСПЕШНЫХ ЛЮДЕЙ В ИНФОГРАФИКЕ

Автор идеи книги **Михаил Иванов**
Редактор **Оксана Веселкова**
Корректор **Елена Аратова**
Верстка **Екатерина Алексашкина**

Smart Reading
Ценные идеи из лучших книг

Книга подготовлена к печати
ООО «Смарт Ридинг»
www.smartreading.ru

Отдел продаж:
corp@smartreading.ru

Адрес редакции: 101000,
г. Москва, Армянский
переулок, д. 9, стр. 1.
Тел.: +7 (495) 601-96-98

Бумага мелованная, печать
офсетная

Объем 18,2 УПЛ
Доп. тираж 2000 экз.
Заказ № 1975-23
Подписано в печать 26.12.2023

Отпечатано в ООО «ДЕАЛ»,
г. Новосибирск, ул. Брюллова, 6а,
+7 (383) 3-340-270, www.dealprint.ru